DOGME ET RITUEL

DE LA

HAUTE MAGIE

—

TOME PREMIER.

QVOD SVPERIVS MACROPROSOPVS
STOLA DEI
MICROPROSOPVS
QVOD INFERIVS

DOGME ET RITUEL

DE LA

HAUTE MAGIE

PAR

ÉLIPHAS LÉVI

NOUVELLE ÉDITION
Avec 24 Figures

TOME PREMIER
Dogme

PARIS

LIBRAIRIE GÉNÉRALE DES SCIENCES OCCULTES

CHACORNAC FRÈRES

11, QUAI SAINT-MICHEL, 11

1930

CLASSEMENT ET EXPLICATION DES FIGURES

QUI SE TROUVENT DANS LE Ier VOLUME (DOGME).

Nari : du côté de l'initié et de la miséricorde, le sceptre et la coupe ;
du côté du profane, représenté par le tigre, l'épée et le cercle, qui
peut devenir soit l'anneau d'une chaine, soit un collier de fer. Du côté
de l'initié, la déesse est vêtue seulement des dépouilles du tigre ; du
côté du tigre, elle porte une longue robe étoilée, et ses cheveux mêmes
sont couverts d'un voile. Une source de lait jaillit de son front, coule
du côté de l'initié, et forme autour d'Addha-Nari et de ses deux animaux un cercle magique qui les enferme dans une île, représentation
du monde. La déesse porte à son cou une chaine magique formée
d'anneaux de fer du côté des profanes, et de têtes pensantes du côté
des initiés ; elle porte sur le front la figure du lingam, et de chaque
côté trois lignes superposées qui représentent l'équilibre du ternaire
et rappellent les trigrammes de Fo-Hi.

CLASSEMENT ET EXPLICATION DES FIGURES

QUI SE TROUVENT DANS LE IIe VOLUME (RITUEL).

1re Fig. Bouc du Sabbat. — Baphomet et Mendès...   Frontispice.

Figure panthéistique et magique de l'absolu. Le flambeau placé entre
les deux cornes représente l'intelligence équilibrante du ternaire ; la
tête du bouc, tête synthétique qui réunit quelques caractères du chien,
du taureau et de l'âne, représente la responsabilité de la matière seule
et l'expiation, dans les corps, des péchés corporels. Les mains sont
humaines, pour montrer la sainteté du travail, elles font le signe de
l'ésotérisme en haut et en bas, pour recommander le mystère aux
initiés, et elles montrent deux croissants lunaires, l'un blanc qui est en
haut, l'autre noir, qui est en bas, pour expliquer les rapports du bien
et du mal, de la miséricorde et de la justice. Le bas du corps est voilé,
image des mystères de la génération universelle, exprimée seulement
par le symbole du caducée. Le ventre du bouc est écaillé, et doit être
coloré en vert ; le demi-cercle qui est au-dessus doit être bleu ; les
plumes, qui montent jusqu'à la poitrine, doivent être de diverses couleurs. Le bouc a un sein de femme, et ne porte ainsi de l'humanité que
les signes de la maternité et ceux du travail, c'est-à-dire les signes
rédempteurs. Sur son front, entre ses cornes et au-dessous du flam-

beau, on voit le signe du microcosme ou le pentagramme la pointe en
haut, symbole de l'intelligence humaine, qui, placé ainsi au-dessous
du flambeau, fait de la flamme de ce dernier une image de la révélation divine. Ce panthée doit avoir pour siége un cube, et pour marche-
pied soit une boule seule, soit une boule et un escabeau triangulaire.
Dans notre dessin nous lui avons donné la boule seulement, pour ne
pas trop compliquer la figure.

. Ce trident, figure du ternaire, est formé de trois dents pyramidales
superposées sur un tau grec ou latin. Sur l'une des dents on voit un jod
traversant un croissant d'une part, et de l'autre une ligne transversale,
figure qui rappelle hiéroglyphiquement le signe zodiacal de l'écrevisse.
Sur la dent opposée est un signe mixte rappelant celui des gémeaux et
celui du lion. Entre les serres de l'écrevisse on voit le soleil, et près
du lion la croix astronomique. Sur la dent du milieu est tracée hiéroglyphiquement la figure du serpent céleste, ayant pour tête le signe de
Jupiter. Du côté de l'écrevisse on lit le mot OBITO, va-t'en, recule ; et
du côté du lion on lit IMO, quand même, persiste. Au centre et près
du serpent symbolique on lit AP DO SEL, mot composé d'une abré-
viation, d'un mot composé cabalistiquement et hébraïquement, et enfin
d'un mot entier et vulgaire : AP, qu'il faut lire AR, parce que ce sont
les deux premières lettres grecques du mot ARCHÉE ; DO, qu'il faut lire
OD et SEL. Ce sont les trois substances premières, et les noms occultes
d'Archée et d'Od expriment les mêmes choses que le soufre et le mercure des philosophes. Sur la tige de fer qui doit servir à emmancher
le trident on voit trois fois la lettre P. P. P., hiéroglyphe phalloïde et
l'ingumique ; puis les mots VLI DOX FATO, qu'il faut lire en prenant
la première lettre pour le nombre du pentagramme en chiffre romain,
et compléter ainsi PENTAGRAMMATICA LIBERTATE DOXA FATO, caractère
équivalent aux trois lettres de Cagliostro L. P. D.: liberté, pouvoir,
devoir. D'un côté, la liberté absolue ; de l'autre, la nécessité ou la
fatalité invincible ; au milieu, LA RAISON, absolu cabalistique qui fait
l'équilibre universel. Cet admirable résumé magique de Paracelse peut
servir de clef aux ouvrages obscurs du cabalistique Wronski, savant
remarquable qui s'est laissé entraîner plus d'une fois hors de son
ABSOLU RAISON par le mysticisme de sa nation et des spéculations pécu-
niaires indignes d'un penseur aussi distingué. Nous lui rendons toutefois l'honneur et la gloire d'avoir découvert avant nous le secret du
trident de Paracelse. Ainsi Paracelse représente le passif par l'écrevisse, l'actif par le lion, l'intelligence ou la raison équilibrante par
Jupiter ou l'homme-roi dominant le serpent ; puis il équilibre les
forces en donnant au passif la fécondation de l'actif figuré par le
soleil, et à l'actif l'espace et la nuit à conquérir et à éclairer sous le
symbole de la croix. Il dit au passif: Obéis à l'impulsion de l'actif, et
marche avec lui par l'équilibre même de la résistance. Il dit à l'actif :
Résiste à l'immobilité de l'obstacle ; persiste et avance. Puis il explique ces forces alternées par le grand ternaire central: LIBERTÉ, NÉ-
CESSITÉ, RAISON. RAISON au centre; LIBERTÉ ET NÉCESSITÉ en contre-
poids. Là est la force du trident : c'en est l'emmanchement et la
base ; c'est la loi universelle de la nature ; c'est l'essence même du
verbe, réalisée et démontrée par le ternaire de la vie humaine, l'*archée*

ou l'esprit, l'*od* ou le médiateur plastique, et le *sel* ou la matière visible.

Nous avons voulu donner à part l'explication de cette figure, parce qu'elle est de la plus haute importance, et donne la mesure du plus grand génie des sciences occultes. On doit comprendre après cette explication pourquoi, dans le courant de notre ouvrage, nous nous inclinons toujours avec la vénération traditionnelle des vrais adeptes devant le divin Paracelse.

DISCOURS PRÉLIMINAIRE.

DES TENDANCES
RELIGIEUSES, PHILOSOPHIQUES ET MORALES
DE NOS LIVRES SUR LA MAGIE.

Depuis que la première édition de ce livre a été publiée, de grands événements se sont accomplis dans le monde, et d'autres plus grands peut-être encore sont à la veille de s'accomplir.

Ces événements nous avaient été annoncés comme d'ordinaire par des prodiges : les tables avaient parlé, des voix étaient sorties des murs, des mains sans corps avaient écrit des mots mysté-rieux, comme au festin de Balthasar.

Le fanatisme, dans les dernières convulsions de son agonie, a donné le signal de cette dernière persécution des chrétiens annoncée par tous les prophètes. Les martyrs de Damas ont demandé aux morts de Pérouse le nom de celui qui sauve et qui bénit; alors le ciel s'est voilé et la terre est restée muette.

Plus que jamais la science et la religion, le despotisme et la liberté, semblent se livrer une guerre acharnée et se jurer une haine irréconciliable. N'en croyez cependant pas à de sanglantes apparences : elles sont à la veille de s'unir et de s'embrasser pour toujours.

La découverte des grands secrets de la religion et de la science primitive des Mages, en révélant au monde l'unité du dogme universel, anéantit le fanatisme en donnant la raison des prodiges. Le verbe humain, le créateur des merveilles de l'homme, s'unit pour jamais avec le verbe de Dieu, et fait cesser l'antinomie universelle en nous faisant comprendre que l'harmonie résulte de l'analogie des contraires.

Le plus grand génie catholique des temps modernes, le comte Joseph de Maistre, avait prévu ce grand événement. « Newton, disait-il, nous ra-

mène à **Pythagore**, l'analogie qui existe entre la
science et la foi doit tôt ou tard les rapprocher.
Le monde est sans religion, mais cette monstruo-
sité ne saurait exister longtemps; le dix-huitième
siècle dure encore, mais il va finir. »

Partageant la foi et les espérances de ce grand
homme, nous avons osé fouiller les décombres des
vieux sanctuaires de l'occultisme; nous avons
demandé aux doctrines secrètes des Chaldéens,
des Égyptiens et des Hébreux, les secrets de la
transfiguration des dogmes, et la vérité éternelle
nous a répondu : la vérité, qui est une et universelle comme l'être ; la vérité, qui appartient à la
science comme à la foi ; la vérité, mère de la raison
et de la justice ; la vérité vivante dans les forces de
la nature, les mystérieux Eloim qui refont le ciel
et la terre quand le chaos a repris pour un temps
la création et ses merveilles, et quand l'esprit de
Dieu plane seul sur l'abîme des eaux.

La vérité est au-dessus de toutes les opinions et
de tous les partis.

La vérité est comme le soleil ; aveugle est celui
qui ne la voit pas. Tel était, nous n'en saurions
douter, le sens d'une parole célèbre de Bonaparte,
prononcée par lui à une époque où le vainqueur

de l'Italie, résumant la révolution française incarnée en lui seul, commençait à comprendre comment la république pouvait être une vérité.

La vérité, c'est la vie, et la vie se prouve par le mouvement. Par le mouvement aussi, par le mouvement voulu et effectif, par l'action, en un mot, la vie se développe et revêt des formes nouvelles. Or, les développements de la vie par elle-même, et son enfantement des formes nouvelles, nous l'appelons création. La puissance intelligente qui agit dans le mouvement universel, nous l'appelons le Verbe, d'une manière transcendentale et absolue. C'est l'initiative de Dieu, qui jamais ne peut rester sans effet ni s'arrêter sans avoir atteint son but. Pour Dieu, parler c'est faire ; et telle devrait être toujours la portée de la parole, même chez les hommes : la vraie parole est la semence des actions. Une émission d'intelligence et de volonté ne peut être stérile sans qu'il y ait abus ou profanation de sa dignité originelle. Et c'est pour cela que le Sauveur des hommes doit, non-seulement de toutes les pensées égarées et sans but légitime, mais encore et surtout des paroles oiseuses, nous demander un compte sévère.

Jésus, dit l'Évangile, était puissant en œuvres

et en paroles ; les œuvres avant la parole : c'est
ainsi que s'établit et se prouve le droit de parler.
Jésus se mit à faire et à parler, dit ailleurs un évangéliste, et souvent, dans le langage primitif de
l'Écriture sainte, une action est appelée *un verbe*.
Dans toutes les langues, d'ailleurs, on nomme
VERBE ce qui exprime à la fois l'être et l'action, et
il n'est pas de verbe qui ne puisse être suppléé par
le verbe *faire*, en diversifiant le régime. *Dans le
principe était le Verbe,* dit l'évangéliste saint Jean,
Dans quel principe ? Dans le premier principe ;
dans le principe absolu qui est avant toute chose.
Dans ce principe donc était le Verbe, c'est-à-dire
l'action. Cela est incontestable en philosophie,
puisque le premier principe est nécessairement le
premier moteur. Le Verbe n'est pas une abstraction : c'est le principe le plus positif qui soit
au monde, puisqu'il se prouve sans cesse par des
actes. La philosophie du Verbe est essentiellement
la philosophie de l'action et des faits accomplis,
et c'est en cela même qu'il faut distinguer un *verbe*
d'une parole. La parole peut être quelquefois
stérile, comme dans la moisson il se rencontre des
épis vides, mais le Verbe ne l'est jamais. Le Verbe,
c'est la parole pleine et féconde ; les hommes ne

s'amusent pas à l'écouter et à lui applaudir; ils
l'accomplissent toujours! souvent sans le comprendre, presque jamais sans lui avoir résisté. Les
doctrines qu'on répète ne sont pas celles qui réus-
sissent. Le christianisme était encore un mystère,
que déjà les Césars se sentaient détrônés par le
Verbe chrétien. Un système que le monde admire
et auquel la foule applaudit, peut n'être qu'un
assemblage brillant de mots stériles; un système
que l'humanité subit pour ainsi dire malgré elle,
c'est UN VERBE.

Le pouvoir se prouve par ses résultats, et comme
l'a écrit, dit-on, un profond politique des temps
modernes : *La responsabilité est quelque chose quand
on ne réussit pas.* Cette parole, que des esprits inintelligents ont trouvée immorale, est également
vraie si on l'applique à toutes les notions spéciales
qui distinguent la parole du Verbe, la volonté de
l'action . ou plutôt l'acte imparfait de l'acte parfait. L'homme qui se damne, selon la théologie
catholique, c'est celui qui ne réussit pas à se sauver.
Pécher, c'est manquer le bonheur. L'homme qui
ne réussit pas a toujours tort : soit en littérature,
soit en morale, soit en politique. Le mauvais en
tout genre, c'est le beau et le bon mal réussis. Et

s'il faut remonter plus haut jusque dans le domaine éternel du dogme, deux esprits se trouvèrent autre-fois, chacun desquels voulait la divinité pour lui seul : l'un réussit, et c'est lui qui est Dieu ; l'autre échoua, et devint le démon !

Réussir, c'est pouvoir ; échouer toujours, c'est tenter éternellement : ces deux mots résument les deux destinées opposées de l'esprit du bien et de l'esprit du mal.

Quand une volonté modifie le monde, c'est un Verbe qui parle, et toutes les voix se taissent devant lui, comme le dit le livre des Machabées, à propos d'Alexandre : mais Alexandre mourut avec son verbe de puissance, parce qu'en lui il n'y avait pas d'avenir ; à moins que la grandeur romaine n'ait été la réalisation de son rêve ! Or, de nos jours il se passe quelque chose de plus étrange : un homme qui est mort dans l'exil au milieu de l'océan At-lantique fait taire une seconde fois l'Europe devant son verbe, et tient encore le monde entier suspendu à la seule puissance de son nom !

C'est que la mission de Napoléon a été grande et sainte ; c'est qu'il y avait en lui un VERBE de vérité. Napoléon lui seul pouvait, après la révolution française, relever les autels du catholicisme, et l'hé-

ritier moral de Napoléon avait seul le droit de ramener Pie IX à Rome. Nous allons dire pourquoi.

Il est dans la doctrine catholique de l'Incarnation
un dogme connu dans les écoles théologiques sous
le titre de *Communication des idiomes.* Ce dogme
affirme que, dans l'union de la divinité et de l'humanité accomplie en Jésus-Christ, le rapprochement des deux natures a été si étroit, qu'il en est
résulté une identité et une très simple unité de
personne ; ce qui fait que Marie, mère de l'homme,
peut et doit être appelée MÈRE DE DIEU. (Le monde
entier s'est agité pour cette prérogative au temps
du concile d'Éphèse.) Ce qui fait aussi qu'on
peut attribuer à Dieu les souffrances de l'homme
et à l'homme les gloires de Dieu. En un mot, la
communication des idiomes, c'est la solidarité des
deux natures divine et humaine en Jésus-Christ ;
solidarité au nom de laquelle on peut dire que Dieu
c'est l'homme, et que l'homme c'est Dieu.

Le magisme, en révélant au monde la loi universelle de l'équilibre et l'harmonie résultant de l'analogie des contraires, prend toutes les sciences par
la base, et prélude par la réforme des mathématiques à une révolution universelle dans toutes les
branches du savoir humain : au principe généra-

teur des nombres il rattache le principe générateur des idées, et par conséquent le principe générateur des mondes, amenant ainsi à la lumière de la science le résultat incertain des intuitions trop physiques de Pythagore; il oppose à l'ésotérisme théurgique de l'école d'Alexandrie une formule claire, précise, absolue, que toutes les sciences régénérées démontrent et justifient: la raison première et la fin dernière du mouvement universel, soit dans les idées, soit dans les formes, se résument définitivement pour lui dans quelques signes d'algèbre sous la forme d'une équation.

Les mathématiques ainsi comprises nous ramènent à la religion, parce qu'elles deviennent, sous toutes les formes, la démonstration de l'infini générateur de l'étendue et la preuve de l'absolu, d'où émanent tous les calculs de toutes les sciences. Cette sanction suprême des travaux de l'esprit humain, cette conquête de la divinité par l'intelligence et par l'étude doit consommer la rédemption de l'âme humaine et procurer l'émancipation définitive du *Verbe* de l'humanité. Alors ce que nous appelons encore aujourd'hui *loi naturelle* aura toute l'autorité et toute l'infaillibilité d'une *loi révélée;* alors aussi on comprendra que la loi

positive et divine est en même temps une loi naturelle, puisque Dieu est l'auteur de la nature, et
ne saurait se contredire dans ses créations et dans
ses lois.

De cette réconciliation du Verbe humain naîtra
la vraie morale, qui n'existe pas encore d'une
manière complète et définitive. Alors aussi une
nouvelle carrière s'ouvrira devant l'Église universelle. En effet, jusqu'à présent l'infaillibilité de
l'Église n'a constitué que le dogme, et pour cela
sans doute la Divinité ne voulait pas avoir besoin
du concours des hommes appelés plus tard à comprendre ce qu'ils devaient croire d'abord. Mais,
pour constituer la morale, il n'en est pas de même,
car la morale est humaine autant que divine; et
celui-là doit nécessairement consentir au pacte qui
s'y oblige le plus. Savez-vous ce qui manque le
plus au monde à l'époque où nous arrivons? C'est
la morale. Tout le monde le sent, tout le monde
le dit, et pourtant des écoles de morale sont ou-
vertes de tous côtés. Que faudrait-il à ces écoles?
Un enseignement qui inspirât la confiance; une
autorité raisonnable, en un mot, au lieu d'une
raison sans autorité d'une part, et de l'autre d'une
autorité sans raison.

Remarquons que la question morale a été le prétexte de la grande défection qui laisse en ce moment l'Église veuve et désolée. C'est au nom de l'*humanité*, cette expression matérielle de la *charité*, qu'on a soulevé les instincts populaires contre des dogmes faussement accusés d'être inhumains.

La morale du catholicisme n'est pas *inhumaine*, mais elle est souvent *surhumaine;* aussi ne s'adressait-elle pas aux hommes du vieux monde, et se rattachait-elle à un dogme qui établit comme possible la destruction du vieil homme et la création d'un homme nouveau. Le Magisme accueille ce dogme avec enthousiasme, et promet cette renaissance spirituelle à l'humanité pour l'époque de la réhabilitation du *Verbe* humain. Alors, dit-il, l'homme, devenu CRÉATEUR à l'instar de Dieu, sera l'ouvrier de son développement moral et l'auteur de son immortalité glorieuse. *Se créer soi-même*, telle est la sublime vocation de l'homme rétabli dans tous ses droits par le baptême de l'esprit; et il se manifestera une telle connexion entre l'immortalité et la morale, que l'une sera le complément et la conséquence de l'autre.

La lumière de la vérité est aussi la lumière de vie. Mais la vérité, pour être féconde en immortalité, veut être reçue dans des âmes à la fois libres et soumises, c'est-à-dire volontairement obéissantes. A la splendeur de cette clarté, l'ordre s'établit dans les formes comme dans les idées, tandis que le crépuscule menteur de l'imagination n'enfante et ne peut enfanter que des monstres. Ainsi l'enfer se peuple de cauchemars et de fantômes; ainsi la pagode des jongleurs se remplit de divinités affreuses et difformes; ainsi les ténébreuses évocations de la théurgie donnent aux chimères du sabbat une fantastique existence. Les images symboliques et populaires de la tentation de saint Antoine représentent la foi pure et simple luttant, à l'aurore du christianisme, contre tous les spectres du vieux monde : mais le Verbe humain, manifesté et victorieux, a été prophétiquement figuré par cet admirable saint Michel, à qui Raphaël donne à vaincre, d'une simple menace, un être inférieur portant aussi la figure humaine, mais avec les caractères de la brute.

Les mystiques religieux veulent qu'on fasse le bien uniquement pour obéir à Dieu. Dans l'ordre de la vraie morale, il faudra faire le bien pour la volonté de Dieu toujours, sans doute, mais aussi pour le bien lui-même. Le bien est en Dieu le juste par essence, qui ne limite pas, mais qui détermine sa liberté. Dieu *ne peut pas* damner la majorité des hommes par caprice despotique. Il doit exister une proportion exacte entre les actions de l'homme et la création déterminante de sa volonté qui en fait définitivement une puissance du bien ou un auxiliaire du mal, et c'est ce que démontre la science exacte de la haute magie.

Voici ce que nous écrivions dans un livre publié en 1845 : « Le temps de la foi aveugle est donc passé, et nous arrivons à l'époque de la foi intelligente et de l'obéissance raisonnable, le temps où nous ne croirons plus seulement en Dieu, mais où nous le verrons dans ses œuvres, qui sont les formes extérieures de son être.

» Or, voici le grand problème de notre époque :

» Tracer, compléter et fermer le cercle des connaissances humaines, puis, par la convergence des rayons, trouver un centre qui est Dieu.

» Trouver une échelle de proportion entre les effets, les vouloirs et les causes, pour remonter de là à la cause et à la volonté première.

» Constituer la science des analogies entre les idées et leur source première.

» Rendre toute vérité religieuse aussi certaine

et aussi clairement démontrée que la solution d'un problème de géométrie. »

Voici maintenant ce que dit un homme qui a été assez heureux pour retrouver avant nous la démonstration de l'absolu suivant les anciens sages, mais assez malheureux aussi pour ne voir dans cette découverte qu'un instrument de fortune et un prétexte de cupidité.

« Il nous suffira ici de dire, par anticipation sur la doctrine du Messianisme, d'une part, que l'application de la raison absolue à notre faculté psychologique de la cognition produit en nous la faculté supérieure de la création des principes et la déduction des conséquences, laquelle est le grand objet de la philosophie ; et de l'autre part, que l'application de la raison absolue à notre faculté psychologique du sentiment produit en nous la faculté supérieure du sentiment moral et du sentiment religieux, laquelle est le grand objet de la religion. — On pourra ainsi entrevoir comment le Messianisme parviendra à l'union finale de la philosophie et de la religion, en les dégageant l'une et l'autre de leurs entraves physiques et terrestres, et en les ramenant, au delà de ces conditions temporelles, à la raison absolue qui est leur source commune. On pourra de plus reconnaître déjà comment, par l'influence de ces conditions temporelles ou de ces entraves physiques, deviennent possibles, d'une part, l'ERREUR dans le domaine de la philosophie, et de l'autre, le PÉCHÉ dans le domaine de la religion ; surtout lorsque ces conditions physiques sont communes à celles de l'héréditaire dépravation morale de l'espèce humaine, qui fait partie de sa nature terrestre. Et l'on comprendra alors comment la raison absolue, qui est au-dessus de ces conditions physiques, de cette souillure terrestre, et qui, dans le Messianisme, doit détruire jusqu'à la source de l'erreur et du péché, forme, sous l'expression allégorique de la VIERGE QUI DOIT ÉCRASER LA TÊTE DU SERPENT, l'accomplissement de cette prédiction sacrée. — C'est donc cette Vierge auguste que le Messianisme introduit aujourd'hui dans le sanctuaire de l'humanité. »

Croyez, et vous comprendrez, disait le Sauveur du monde ; — étudiez, et vous croirez, peuvent dire maintenant les apôtres du Magisme.

Croire, c'est savoir sur parole. Or, cette parole divine, qui devançait et suppléait pour un temps la science chrétienne, on devait la comprendre plus tard, suivant la promesse du Maître. Voilà

donc l'accord de la science et de la foi prouvé par
la foi elle-même.

Mais, pour établir par la science la nécessité
de cet accord, il faut reconnaître et établir un
grand principe : c'est que l'absolu ne se trouve à
aucune des deux extrémités de l'antinomie, et que
les hommes de parti, qui tirent toujours vers les
extrêmes opposés, craignent en même temps d'arriver à ces extrêmes, regardent comme des fous
dangereux ceux qui avouent nettement leurs tendances, et dans leur propre système redoutent
instinctivement le fantôme de l'absolu comme le
néant ou la mort. C'est ainsi que le pieux arche-
vêque de Paris désapprouve formellement les for-
fanteries inquisitoriales de l'*Univers*, et que tout
le parti révolutionnaire s'est indigné des brutalités
de Proudhon.

La force de cette preuve négative consiste en
cette simple observation : qu'un lien central doit
réunir deux tendances opposées en apparence, qui
sont dans l'impossibilité de faire un pas sans que
l'une entraîne l'autre à reculons; ce qui nécessitera
ensuite une réaction toute pareille. Et voilà ce qui
arrive depuis deux siècles : enchaînées ainsi l'une
à l'autre à leur insu et par derrière, ces deux

puissances sont condamnées à un travail de Si-
syphe et se font mutuellement obstacle. Retournez-
les en les dirigeant vers le point central, qui est
l'absolu, alors elles se rencontreront de face, et,
s'appuyant l'une sur l'autre, elles produiront une
stabilité égale à la puissance de leurs efforts contraires, multipliés les uns par les autres.

Pour retourner ainsi les forces humaines, ce
qui semble au premier abord un travail d'Hercule,
il suffit de détromper les intelligences et de leur
montrer le but où elles croyaient trouver l'obstacle.

La religion est raisonnable. Voilà ce qu'il faut
dire à la philosophie, et par la simultanéité et la
correspondance des lois génératrices du dogme et
de la science on peut le prouver radicalement. La
raison est sainte. Voilà ce qu'il faut dire à l'Église,
et on le lui prouvera en appliquant au triomphe
de sa doctrine de charité toutes les conquêtes de
l'émancipation et toutes les gloires du progrès.

Or, Jésus-Christ étant le type de l'humanité
régénérée, la divinité rendue humaine avait pour
œuvre de rendre l'humanité divine : le Verbe fait
chair permettait à la chair de devenir Verbe, et
c'est ce que les docteurs de l'Église officielle n'ont
pas compris d'abord ; leur mysticisme a voulu

absorber l'humanité dans la divinité. Ils ont nié le droit humain au nom du droit divin ; ils ont cru que la foi devait anéantir la raison, sans se souvenir de cette parole profonde du plus grand des hiérophantes chrétiens : « Tout esprit qui divise le Christ est un esprit de l'Antechrist. »

La révolte de l'esprit humain contre l'Église, révolte qui a été sanctionnée par un effrayant succès négatif, aurait donc été, à ce point de vue, une protestation en faveur du dogme intégral, et la révolution, qui dure depuis trois siècles et demi, n'aurait eu pour cause qu'un immense malentendu !

En effet, l'Église catholique n'a jamais nié ni pu nier la divinité humaine, le Verbe fait chair, le Verbe humain ! Jamais elle n'a consenti à ces doctrines absorbantes et énervantes qui anéantissent la liberté humaine dans un quiétisme insensé. Bossuet a eu le courage de persécuter madame Guyon, dont il admirait pourtant et dont nous avons admiré après lui la consciencieuse folie ; mais Bossuet n'a vécu, malheureusement, qu'après le concile de Trente. Il fallait que l'expérience divine eût son cours.

Oui, nous appelons la révolution française une

expérience divine, parce que Dieu, à cette époque, permit au génie humain de se mesurer contre lui ; lutte étrange qui devait finir par un étroit embrassement ; débauche de l'enfant prodigue qui avait pour unique avenir un retour décisif et une fête solennelle dans la maison du père de famille.

Le Verbe divin et le Verbe humain, conçus séparément, mais sous une notion de solidarité qui les rendait inséparables, avaient dès le commencement fondé la papauté et l'empire : les luttes de la papauté pour prévaloir seule avaient été l'affirmation absolue du Verbe divin ; à cette affirmation, pour rétablir l'équilibre du dogme de l'Incarnation, devait correspondre dans l'empire une affirmation absolue du Verbe humain. Telle fut l'origine de la Réforme, qui aboutit AUX DROITS DE L'HOMME.

LES DROITS DE L'HOMME ! Napoléon les prouva par la gloire dont il environna son épée. Incarnée et résumée dans Napoléon, la révolution cessa d'être un désordre, et produisit par un éclatant succès la preuve irréfragable de son Verbe. C'est alors qu'on vit, chose inouïe dans les fastes des religions ! l'homme tendre à son tour la main à Dieu, comme pour le relever de sa chute. Un pape, dont la piété et l'orthodoxie n'ont jamais été contestées, vint sanctionner, de l'autorité de tous les siècles chrétiens, la *sainte usurpation* du nouveau César, et la révolution incarnée fut sacrée, c'est-à-dire reçut l'onction qui fait les CHRISTS de la main même du plus vénérable successeur des pères de l'autorité !

C'est sur de pareils faits, aussi universels, aussi incontestables et aussi brillants de clarté que la lumière du soleil, c'est sur de pareils faits, disons-nous, que le Messianisme a posé sa base dans l'histoire.

L'affirmation du Verbe divin par le Verbe humain, poussée par ce dernier jusqu'au suicide, à force d'abnégation et d'enthousiasme, voilà l'histoire de l'Église depuis Constantin jusqu'à la Réforme.

L'immortalité du Verbe humain prouvée par des convulsions terribles, par une révolte qui a tenu du délire, par des combats gigantesques et par des douleurs semblables à celles de Prométhée, jusqu'à la venue d'un homme assez fort pour rattacher l'humanité à Dieu : voilà l'histoire de la révolution tout entière !

Foi et raison ! deux termes qu'on croit opposés et qui sont identiques.

Autorité et liberté, deux contraires qui sont au fond la même chose, puisqu'ils ne peuvent exister l'un sans l'autre.

Religion et science, deux contradictions qui se détruisent mutuellement en tant que contradictions, et s'affirment réciproquement si on les considère comme deux affirmations fraternelles.

Voilà le problème posé et déjà résolu par l'histoire. Voilà l'énigme du sphinx expliquée par l'OEdipe des temps modernes, le génie de Napoléon.

C'est assurément un spectacle digne de toutes les sympathies du génie humain, et nous dirons plus, digne de l'admiration des esprits même les plus froids, que ce mouvement pareil, ce progrès simultané, ces tendances égales, ces chutes prévues et ces rejaillissements également infaillibles, de la sagesse divine, d'une part, épanchée dans l'humanité, et de la sagesse humaine, de l'autre, conduite par la divinité ! Fleuves échappés d'une même source, ils ne se séparent que pour mieux embrasser le monde, et quand ils se réuniront, ils entraîneront tout avec eux. Cette synthèse, ce triomphe, cet entraînement, ce salut définitif du monde, toutes les âmes élevées les pressentaient : mais qui donc, avant ces grands événements qui révèlent et font parler si haut la puissance de la magie humaine et l'intervention de Dieu dans les œuvres de la raison, qui donc eût osé les pressentir ?

Nous avons dit que la révélation avait eu pour objet l'affirmation du Verbe divin, et que l'affirmation du Verbe humain avait été le fait transcendant et providentiel de la révolution européenne commencée au xvi⁰ siècle.

Le divin fondateur du christianisme a été le Messie de la révélation, parce que le Verbe divin était incarné en lui, et nous considérons l'empereur comme le Messie de la révolution, parce qu'en lui le Verbe humain s'était résumé et se manifestait dans toute sa puissance.

Le Messie divin avait été envoyé au secours de l'humanité, qui périssait épuisée par la tyrannie des sens et les orgies de la chair.

Le Messie humain est venu en quelque sorte au secours de Dieu qu'outrageait le culte obscène de la raison, et au secours de l'Église menacée par les révoltes de l'esprit humain et par les saturnales de la fausse philosophie.

Depuis que la réforme et la révolution à sa suite avaient ébranlé en Europe la base de tous les pouvoirs; depuis que la négation du droit divin trans-

formait en usurpateurs presque tous les maîtres
du monde et livrait l'univers politique à l'athéisme
ou au fétichisme des partis, un seul peuple, conservateur des doctrines d'unité et d'autorité, était
devenu le peuple de Dieu en politique. Aussi, ce
peuple s'agrandissait-il dans sa force d'une manière formidable, inspiré d'une pensée qui pouvait
se transformer en VERBE, c'est-à-dire en parole
d'action : ce peuple c'était la race vigoureuse des
Slaves, et cette pensée, c'était celle de Pierre le
Grand.

Donner une réalisation humaine à l'empire universel et spirituel du Messie, donner au christianisme son accomplissement temporel, en unissant
tous les peuples en un seul corps, tel devait être
désormais le rêve du génie politique transformé
par l'idée chrétienne en génie social. Mais où
serait la tête de ce colossal empire ? Rome avait
eu à ce sujet sa pensée, Pierre le Grand avait la
sienne, et Napoléon seul pouvait en concevoir une
autre.

La fortune des descendants de Pierre trouvait
en effet à cette époque une digue infranchissable
dans les ruines du sanctuaire des papes, ruines
vivantes où semblait dormir le catholicisme im-

mortel comme le Christ dans son tombeau. Si la
Russie eût été catholique après la réforme, la révolution française était étouffée dans son germe.
L'empire temporel devait appartenir à celui qui
relèverait l'autorité spirituelle dans son expression la plus simple et la plus absolue, parce que
les faits suivent toujours les idées. L'autorité divine
de Pierre l'apôtre manquait aux projets du czar
Pierre. C'était une belle chance que la Russie lais-
sait à la France. Napoléon le comprit; il releva
les autels, il se fit sacrer par le successeur d'Hil-
debrand et d'Innocent III, et il crut dès lors à son
étoile, parce que l'autorité qui vient de Dieu ne
manquait plus à sa puissance.

Les hommes avaient crucifié le Messie divin, le
Messie humain fut abandonné au malheur par la
Providence; car du supplice de Jésus-Christ accusé
par les prêtres devait naître un sacerdoce nouveau,
et du martyre de l'empereur trahi par les rois devait naître une royauté nouvelle.

Qu'est-ce, en effet, que l'empire de Napoléon?
C'est une synthèse révolutionnaire résumant le
droit de tous dans celui d'un seul. C'est la liberté
justifiée par la puissance et par la gloire; c'est
l'autorité prouvée par des actes; c'est le despotisme

de l'honneur substitué à celui de la crainte. Aussi, dans la tristesse de sa solitude à Sainte-Hélène, Napoléon, ayant conscience de son génie et comprenant que tout l'avenir du monde était là, eut-il des tentations de désespoir, et ne voyait-il plus d'autre alternative pour l'Europe que d'être républicaine ou cosaque avant cinquante ans.

« Nouveau Prométhée, écrivait-il quelque temps avant de mourir, je suis cloué à un roc et un vautour me ronge.

» Oui, j'avais dérobé le feu du ciel pour en doter la France : le feu est remonté à sa source, et me voilà !

» La gloire était pour moi ce pont que Lucifer a lancé sur le chaos pour escalader le ciel; elle réunissait au passé l'avenir, qui en est séparé par un abîme... Rien à mon fils que mon nom ! »

Jamais rien de si grand que ces quelques lignes n'est sorti de la pensée humaine : et toutes les poésies inspirées par la destinée étrange de l'Empereur sont bien pâles et bien faibles auprès de celle-là : Rien a mon fils que mon nom ! Était-ce seulement un héritage de gloire qu'il croyait transmettre, ou plutôt, dans l'intuition prophétique des mourants, comprenait-il que son nom, inséparable de sa pensée, contenait à lui seul toute sa fortune avec les destinées du monde?

Prétendre que l'humanité s'est trompée dans ses mouvements, qu'elle s'est fourvoyée dans ses évolutions, c'est blasphémer la Providence. Et pourtant ces mouvements et ces évolutions semblent parfois contradictoires; mais les paradoxes opposés se réfutent l'un par l'autre, et, semblables aux oscillations du pendule, qui tendent toujours, en se resserrant, vers le centre de gravité, les mouvements contraires ne sont qu'apparents, et les véritables tendances de l'humanité se retrouvent toujours sur la ligne droite du progrès. Ainsi, quand les abus du pouvoir ont produit la révolte, le monde, qui ne peut se fixer ni dans l'esclavage ni dans l'anarchie, attend l'instauration d'un nouveau pouvoir qui tiendra compte à la liberté de ses protestations et régnera pour elle.

Ce pouvoir nouveau, Paracelse nous le fait connaître dans les admirables prédictions qui sembleraient faites après coup, si un assez grand nombre de pages encore ne se rapportaient à l'avenir.

On n'élude pas plus l'avenir qu'on ne ressuscite le passé, mais on s'en tient toujours à ce qui est durable; or, cela seul est durable qui est fondé sur la nature même des choses. L'instinct des peuples se conforme en cela même à la logique des idées, et deux fois le suffrage universel, placé entre l'obscurantisme et l'anarchie, a deviné la conciliation de l'ordre avec le progrès, et a nommé Napoléon.

On a dit que l'empereur lui-même n'avait pu concilier la liberté et l'ordre, et que, pour fonder sa puissance, il avait dû interdire aux Français l'usage de leurs droits. On a dit qu'il nous avait fait oublier la liberté à force de gloire, et l'on ne s'aperçoit pas que l'on tombe dans une évidente contradiction. Pourquoi sa gloire est-elle la nôtre, si nous n'étions que ses esclaves? Ce mot de gloire a-t-il même une signification pour d'autres que pour des hommes libres? Nous avions consenti à sa discipline, et il nous menait à la victoire : l'ascendant de son génie était le nerf de sa puissance, et s'il ne permettait à personne de le contredire, il était pleinement dans son droit, puisqu'il avait raison. « *L'État, c'est moi!* » avait dit Louis XIV en résumant ainsi d'un mot tout l'esprit des institutions monarchiques. « *Le peuple souverain, c'est moi!* » pouvait dire l'empereur en résumant à son tour toute la force républicaine : et il est évident que plus son chef avait d'autorité, plus le peuple français était libre.

Ce qui a rendu si affreuse l'agonie de Napoléon, ce n'était pas le regret du passé, on ne regrette pas la gloire qui ne saurait mourir; mais c'était l'épouvante d'emporter avec lui l'avenir du monde. *« Oh ! ce n'est pas la mort*, murmurait-il, *c'est la vie qui me tue !* » Puis, portant la main à sa poitrine : « *Ils ont enfoncé là un couteau de boucher et ils ont brisé le fer dans la plaie !* »

Puis un moment après, à cet instant suprême où la vie échappe, et où l'homme, illuminé déjà intérieurement de la lumière d'un autre monde, a besoin de laisser son dernier mot aux vivants comme un enseignement et un héritage, Napoléon répéta deux fois ces paroles énigmatiques : « *La tête de l'armée !* » Était-ce un dernier défi jeté au fantôme de Pierre le Grand, un cri suprême de désespoir ou une prophétie des destinées de la France ? L'humanité tout entière apparaissait-elle alors à l'empereur harmonieuse et disciplinée, marchant à la conquête du progrès, et voulait-il résumer d'un seul mot le problème des temps modernes qui doit être prochainement résolu entre la Russie et la France : LA TÊTE DE L'ARMÉE !

Ce qui donne en ce moment plus de chances à la France, c'est son catholicisme et son alliance avec la papauté, cette puissance que les anarchistes nomment déchue, et que Napoléon estimait plus forte encore qu'une armée de trois cent mille hommes. Si la France, comme le voulaient des anarchistes imbéciles, se fût liguée, en 1849, avec l'ingratitude romaine, ou avait seulement laissé restaurer le trône pontifical par l'Autriche et par la Russie, les destinées de la France finissaient, et le Génie indigné de l'empereur, passant au Nord, accomplissait au profit des Slaves le beau rêve de Pierre le Grand.

Pour les hommes qui s'imaginent l'absolu dans les extrêmes, la raison et la foi, la liberté et l'au—torité, le droit et le devoir, le travail et le capital sont inconciliables. Mais l'absolu n'est pas plus admissible dans chacune des opinions séparées que l'entier n'est concevable dans chacune de ses fractions. Foi raisonnable, liberté autorisée, droit mérité par le devoir accompli, capital fils et père du travail ; voilà, comme nous l'avons déjà dit en d'autres termes, les formules de l'absolu. Et si l'on nous demande quel est le centre de l'antinomie, quel est le point fixe de l'équilibre, nous **avons** déjà répondu que c'est l'essence même d'un Dieu à la fois souverainement libre et infiniment nécessaire.

Que la force centripète et la force centrifuge soient deux forces contraires, cela n'est pas à mettre en question; mais que de ces deux forces combinées résulte l'équilibre de la terre, c'est ce qu'il serait également absurde et inutile de nier.

L'accord de la Raison avec la Foi, de la Science avec la Religion, de la Liberté avec l'Autorité, du Verbe humain, en un mot, avec le Verbe divin, n'est pas moins évident, et nous en avons suffisamment indiqué les preuves. Mais les hommes ne considèrent jamais comme prouvées les vérités qu'ils refusent d'entendre, parce qu'elles contrarient leurs passions aveugles. A la démonstration la plus rigoureuse, ils vous répondent toujours par la difficulté même que vous venez de résoudre. Recommencez vos preuves, ils s'impatienteront, et diront que vous vous répétez.

Le Sauveur du monde avait dit que le vin nouveau ne doit pas être enfermé dans les outres usées, et qu'il ne faut pas coudre une pièce neuve à un vieux manteau. Les hommes ne sont que les représentants des idées, et il ne faut pas s'étonner si les erreurs incarnées repoussent la vérité avec dédain ou même avec colère. Mais le Verbe est essentiellement créateur, et, à chaque nouvelle émission de sa chaleur et de sa lumière,. il fait éclore dans le monde une humanité nouvelle. L'époque du dogme obscur et de la cécité intellectuelle est passée, pourtant ne parlez pas du jeune soleil aux vieux aveugles; appelez-en au témoignage des yeux qui s'ouvrent, et attendez les clairvoyants pour expliquer les phénomènes du jour.

Dieu a créé l'humanité; mais, dans l'humanité, chaque individu est appelé à se créer lui-même comme être moral et par conséquent immortel. Revivre dans l'humanité, telle est l'espérance vague que le panthéisme et le mysticisme révolutionnaire laissent à leurs adeptes; ne jamais mourir dans son individualité intelligente et morale, telle est la prérogative que la révélation assure à chacun de ses enfants! Laquelle de ces deux idées est la plus consolante et la plus libérale? Laquelle des deux surtout donne une base plus certaine et un but plus sublime à la moralité humaine?

Toute puissance qui ne rend pas raison d'ellemême et qui pèse sur les libertés sans leur donner de garanties, n'est qu'un pouvoir aveugle et transitoire ; l'autorité vraie et durable est celle qui s'appuie sur la liberté, tout en lui donnant une règle et un frein. Ceci exprime l'absolu en politique.

Toute foi qui n'éclaire pas et n'agrandit pas la raison, tout dogme qui nie la vie de l'intelligence et la spontanéité du libre arbitre, constituent une superstition ; la vraie religion est celle qui se prouve par l'intelligence et se justifie par la raison, tout en les soumettant à une obéissance nécessaire. Ceci est l'indication de l'absolu en religion et en philosophie.

De l'idée que les hommes se sont faite de Dieu ont toujours procédé les notions de puissance, soit au spirituel, soit au temporel, et le mot qui exprime la Divinité ayant été de tout temps la formule de l'absolu, soit en révélation, soit en intuition naturelle, le sens qu'on attache à ce mot a toujours été l'idée dominante de toute religion et de toute philosophie, comme de toute politique et de toute morale.

Concevoir en Dieu la liberté sans nécessité, c'est rêver une toute-puissance sans raison et sans frein, c'est faire trôner dans le ciel l'idéal de la tyrannie. Telle a été, dans beaucoup d'esprits enthousiastes et mystiques, la plus dangereuse erreur du moyen âge.

Concevoir en Dieu la nécessité sans liberté, c'est en faire une machine infinie, dont nous sommes, malheureusement pour nous, les rouages intelligents. Obéir ou être brisés, telle serait notre destinée éternelle; et nous obéirions sciemment à quelque chose qui commanderait sans savoir pourquoi : tristes voyageurs que nous serions, enfermés dans les waggons qu'une formidable locomotive entraînerait à toute vapeur sur le grand chemin de l'abîme. Cette doctrine panthéistique, matérialiste et fatale, est à la fois l'absurdité et la calamité de notre siècle.

Cette loi suprême de la liberté et de la nécessité régies et tempérées l'une par l'autre se retrouve partout et domine tous les faits où se révèle une vertu, une juste puissance ou une autorité quelconque. Dans le monde, qu'avait tiré des ténèbres de la décadence, et que soutenait sur le chaos de la barbarie la main providentielle de Charlemagne, il y avait la papauté et l'empire, deux pouvoirs soutenus et limités l'un par l'autre. La papauté alors, dépositaire du dogme initiateur et civilisateur, représentait la liberté, qui tient les

clefs de l'avenir ; et l'empereur, armé du glaive,
étendait sur les troupeaux que poussait en avant
la houlette des pontifes le bras de fer de la nécessité, qui assurait et réglait la marche de l'humanité dans les voies du progrès.

Qu'on ne s'y trompe pas, le mouvement religieux de notre époque, commencé par Chateaubriand, continué par Lamennais et Lacordaire, ce mouvement n'est pas rétrograde et ne donne pas tort à l'émancipation de la conscience humaine. L'humanité s'était révoltée contre les excès du mysticisme, qui, en affirmant la liberté absolue de Dieu sans admettre en lui aucune nécessité, anéantissait la justice éternelle et absorbait la personnalité de l'homme dans l'obéissance passive : le Verbe humain, en effet, ne pouvait pas se laisser dévorer ainsi ; mais les passions aveugles essayèrent de pousser la protestation dans l'extrémité contraire, en lui faisant proclamer la souveraineté unique et absolue de l'individualisme humain. On se souvient du culte de la Raison inauguré à Notre-Dame, et des hommes de septembre maudissant la Saint-Barthélemy. Ces excès produisirent vite la lassitude et le dégoût ; mais l'humanité ne renonça pas pour cela à ce qui avait rendu sa pro-

testation nécessaire. Chateaubriand vint alors dés-
abuser les esprits qu'on avait égarés en calomniant
l'Église. Il· fit aimer la religion en la montrant
humaine et raisonnable; le monde avait besoin
de se réconcilier avec son Sauveur, mais c'est en
le reconnaissant pour être véritablement homme,
qu'on se disposait à·l'adorer de nouveau comme le
vrai Dieu.

. Ce que l'on demande aujourd'hui au prêtre, c'est
surtout la charité, cette sublime expression de
l'*humanité divine*. La religion ne se contente plus
d'offrir à l'âme les consolations de l'autre vie, elle
se sent appelée à secourir dans celle-ci les douleurs
du pauvre, à l'instruire, à le protéger et à le diriger dans son travail. La science économique vient
au-devant d'elle dans cette œuvre de régénération.
Tout cela peut-être se fait lentement, mais enfin
le mouvement s'opère, et l'Église, secondée par le
pouvoir temporel, ne saurait manquer de retrouver
bientôt toute son influence d'autrefois pour prê-
cher au monde le christianisme accompli dans la
synthèse messianique. Si l'Église avait réellement
nié le Verbe humain, si elle était l'ennemie naturelle, par conséquent, de toute liberté et de progrès, nous la regarderions comme morte, et nous

penserions qu'il en sera d'elle comme de la synagogue judaïque; mais, encore une fois, cela n'est
pas et ne saurait être. L'Église, qui, dans sa constitution, réfléchit l'image de Dieu, porte en elle
aussi la double loi de liberté et d'autorité con-
tenues, réglées et tempérées l'une par l'autre. En
effet, l'Église, tout en maintenant l'intégrité et la
stabilité du dogme, lui a donné, de concile en concile, de superbes développements. Aussi, parmi les
hérétiques et les dissidents, pendant que les uns
accusaient l'orthodoxie d'immobilisme, d'autres lui
reprochaient sans cesse des innovations; tous les
sectaires, pour se séparer de la commune ecclésiastique, ont prétexté le désir de retourner aux
croyances et aux pratiques de l'Église primitive.

Si l'on eût parlé aux catholiques du xve siècle
ou aux philosophes du xviiie d'un accord nécessaire entre la liberté de conscience et l'autorité religieuse, entre la raison et la foi, on eût
indigné les uns et fait rire amèrement les autres.
Parler de paix et d'alliance au milieu d'une bataille,
c'est, en effet, prendre assez mal son temps et vouloir perdre ses paroles.

Les doctrines dont nous nous faisons l'interprète,
parce que nous les considérons comme l'expression

la plus avancée des tendances de l'intelligence humaine à l'époque où nous vivons, ces doctrines, pressenties depuis quelques années par un petit nombre d'esprits d'élite, peuvent être émises aujourd'hui avec espoir de les voir accueillies; mais, il y a quelques mois à peine, elles n'eussent trouvé nulle part ni une attention complaisante, ni une tribune ni un écho.

C'est qu'alors les partis extrêmes n'avaient pas encore été contraints d'abdiquer leurs prétentions devant la toute-puissance des événements providentiels, et l'on pouvait difficilement **rester** neutre au milieu de leur guerre acharnée ; **toute** concession de l'un à l'autre était alors considérée comme une véritable trahison, et les hommes qui n'abandonnent jamais la justice, étant contraints de la chercher séparément et successivement dans les deux causes séparées, devenaient suspects à tout le monde, comme des renégats ou des transfuges. Avoir des convictions assez énergiques pour préférer alors son indépendance consciencieuse aux encouragements des coteries, c'était se condamner à une solitude qui n'était pas sans appréhensions et sans angoisses. Demeurer isolé entre deux armées qui s'attaquent, n'est-ce pas être exposé à tous les

coups ? Passer de l'une à l'autre, n'est-ce pas vouloir se faire proscrire dans toutes les deux ? En
choisir une au hasard, n'est-ce pas trahir l'autre?

Ce sont ces alternatives cruelles qui ont poussé
des hommes comme M. de Lamennais de l'ultra-
montanisme au jacobinisme, sans leur laisser trouver nulle part ni certitude ni repos. L'illustre auteur des *Paroles d'un croyant,* épouvanté de voir
se dresser devant lui l'anarchie et le néant sous le
masque du socialisme, et ne trouvant dans son
génie irrité aucune justification de l'antinomie qui
le blessait, n'a-t-il pas reculé jusqu'à Zoroastre,
et n'a-t-il pas cherché dans les dogmes désolants
du manichéisme une explication quelconque de la
guerre éternelle des Amchaspands et des Darvands?

Mais les quatre années qui viennent de s'écouler
ont été pleines, pour le monde, d'enseignements
et de révélations immenses. La révolution s'est expliquée et justifiée une seconde fois par la création
d'une autorité absolue, et nous comprenons maintenant que le dualisme constitutionnel n'était autre
chose que le manichéisme en politique. Pour concilier la liberté et le pouvoir, il faut en effet les
appuyer l'un sur l'autre, et non les opposer l'un à
l'autre.

La souveraineté absolue fondée sur le suffrage universel, telle est désormais la notion unique de l'autorité véritable, en religion comme en politique. Ainsi seront constitués les gouvernements de *droit humain,* seconde forme du *droit divin,* qui est imprescriptible dans l'humanité.

C'est par l'intelligence du vrai et la pratique raisonnée du bien que s'affranchissent non-seulement les individus, mais les peuples. Sur des hommes dont l'âme est libre, la tyrannie matérielle est impraticable ; mais aussi la liberté extérieure des hommes et des multitudes, qui sont intérieurement asservis à des préjugés ou à des vices, n'est qu'une multiplication et une complication de tyrannie. Quand la majorité des hommes inintelligents est maîtresse, la minorité des sages est esclave.

Aussi faut-il soigneusement distinguer le droit du fait et le principe de ses applications dans la politique de l'Église.

Son travail a toujours été de soumettre les fatalités de la chair à la providence de l'esprit ; c'est au nom de la liberté morale qu'elle oppose une digue à la spontanéité aveugle des tendances physiques ; et si, de nos jours, elle ne s'est pas montrée sympathique au mouvement révolutionnaire, c'est qu'elle sentait d'une manière suréminente et infaillible que là n'était pas la véritable liberté.

Ce sont les abus possibles de la liberté qui rendent l'autorité nécessaire; et l'autorité n'a d'autre mission dans l'Église et dans l'État que de protéger la liberté réglée de tous contre la liberté déréglée de quelques-uns. Plus l'autorité est forte, plus sa protection est puissante. Voilà pourquoi l'infaillibilité a été nécessaire à l'Église; voilà pourquoi aussi toujours, dans un État bien gouverné, force doit rester à la loi. L'idée de liberté et celle d'autorité sont donc indissolublement unies et s'appuient uniquement l'une sur l'autre.

La tyrannie dans l'ancien monde n'était que la liberté absolue de quelques-uns au préjudice de la liberté de tous. L'Évangile, en imposant des devoirs aux rois comme aux peuples a rendu, aux uns l'autorité qui leur manquait, et a garanti aux autres une liberté fondée sur des droits nouveaux, avec la certitude d'un progrès réel et d'un perfectionnement possible à tous.

Si l'intelligence humaine n'était pas perfectible, à quoi servirait, je vous prie, l'enseignement permanent de la Providence, et pourquoi la révélation se serait-elle manifestée sous des formes successives et successivement plus parfaites? La nature nous montre le progrès dans la constitution de tous les êtres et n'accomplit que lentement ses chefs-d'œuvre. Le mouvement est partout le signe de la vie, et même lorsqu'il paraît s'accomplir en parcourant un cercle, dans ce cercle, du moins, il va toujours en avant, et ne donne jamais, en revenant sur lui-même, un démenti à la main qui l'imprime.

La loi du mouvement, si elle n'était point réglée par la Providence dans le ciel et par l'autorité sur la terre, serait une loi de destruction et de mort, parce que ce serait une loi de désordre; mais, d'un autre côté, si la résistance qui règle le mouvement arrive à le paralyser et à vouloir l'arrêter, de deux choses l'une : ou le mouvement brisera la résistance et détruira l'autorité, ou l'autorité anéantira le mouvement et se suicidera ainsi en détruisant sa propre force et sa propre vie.

C'est ainsi que le judaïsme s'est renversé lui-même en voulant s'opposer à l'éclosion du christianisme, qui était la conséquence naturelle et le développement nécessaire des dogmes de Moïse et des promesses des prophètes.

La catholicisme n'imitera pas le judaïsme et ne

s'opposera pas à la grande synthèse messianique, parce que l'Église catholique porte dans son nom même une promesse d'universalité, qui assigne d'avance son vrai nom à l'Église de l'avenir. Rome et Constantinople ne se·disputeront pas une seconde fois l'empire du monde : où se manifestera le Verbe, là sera le pontife du Verbe. Le siége que reconnaîtra l'obéissance du monde sera celui du successeur de Jésus–Christ; et tout chef d'un petit nombre de dissidents, quels que puissent être d'ailleurs ses prétextes et ses prétendus titres, ne sera plus devant le suffrage universel des nations qu'un antipape et un sectaire.

La réunion des deux Églises grecque et romaine est donc la grande révolution tout à la fois religieuse et civile qui doit tôt ou tard changer la face du monde; et cette révolution ne saurait manquer d'être le résultat du développement et de la propagation des doctrines kabbalistiques dans l'Église et dans la société.

En vain nous dirait-on que l'Église se croit parfaite, et affecterait-on de craindre qu'elle ne refuse d'admettre la loi du progrès. Nous avons déjà répondu à cette crainte par un passage décisif de Vincent de Lérins; mais la question est assez importante pour que nous ajoutions ici encore quelques fortes autorités.

Un savant pasteur anglais, récemment converti au catholicisme, le docteur John Newman, a publié dans ces derniers temps un ouvrage qui a obtenu la haute approbation de l'autorité ecclésiastique, et dans lequel il prouve que le développement du dogme, et par conséquent celui de l'intelligence humaine, a été l'œuvre spéciale du catholicisme, considéré comme principe initiateur et conservateur, dans l'explication et l'application de ces théorèmes divins qui sont la lettre du dogme. Avant de prouver sa thèse, il établit victorieusement l'existence du progrès naturel en toutes choses, mais plus particulièrement dans la révélation. Voici en quels termes il s'exprime :

« D'après l'histoire de toutes les sectes et de tous les partis en religion, et d'après l'analogie et l'exemple de l'Écriture, nous pouvons conclure raisonnablement que la doctrine chrétienne admet des développements formels, légitimes, réels, des développements prévus par son divin auteur.

» L'analogie générale du monde physique et moral confirme cette conclusion : « Tout le monde » naturel, et son gouvernement, dit Butler, est un

» plan ou un système, non un système fixe, mais
» progressif, un plan dans lequel l'essai de divers
» moyens a lieu longtemps avant que les fins pro-
» posées puissent être atteintes. Le changement des
» saisons, la culture des fruits de la terre, l'histoire
» même d'une fleur en est une preuve ; et il en est
» ainsi de la vie humaine. Ainsi les végétaux et les
» animaux, quoique formés nécessairement en une
» fois, grandissent cependant par degrés pour
» arriver à la maturité. Et ainsi les agents raison-
» nables qui animent les corps sont naturellement
» portés vers le caractère qui leur est propre par
» l'acquisition graduelle de connaissances et d'ex-
» périence, et par une longue suite d'actions. »

» Notre existence n'est pas seulement successive,
comme elle doit l'être de toute nécessité, mais un
état de notre être est désigné par le Créateur pour
servir de préparation à un autre état et de transition à celui qui lui succède. Ainsi l'adolescence
vient après l'enfance, la jeunesse après l'adolescence et l'âge mûr après la jeunesse. Les hommes,
dans leur impatience, veulent tout précipiter. Mais
l'auteur de la nature semble n'opérer que d'après
une longue délibération, et arrive à ses fins par
des progrès successivement et lentement accom-

plis... Dieu opère de la même manière dans le cours de sa providence naturelle et dans la manifestation religieuse, faisant succéder une chose à une autre, puis une autre encore à celle-ci, et continuant toujours, par une série progressive de moyens qui s'étendent au delà et en deçà de notre vue bornée. La loi nouvelle du christianisme nous est représentée dans celle de la nature. »

« Dans une de ses paraboles », remarque ailleurs le docteur Newman, « Notre-Seigneur compare le royaume du ciel à un grain de sénevé qu'un homme prend et sème dans son champ. Cette graine est, à la vérité, la plus petite de toutes les graines; mais, quand elle a crû, elle est la plus grande des plantes et devient un arbre; et, comme le dit saint Marc, « cet arbre pousse des branches sur les- » quelles les oiseaux du ciel viennent se reposer. » Et ensuite, dans le même chapitre de saint Marc : « Le royaume de Dieu est semblable à un homme » qui jette de la semence en terre. Qu'il dorme ou » qu'il se lève, nuit et jour la semence germe et » croît sans qu'il sache comment, car la terre pro- » duit son fruit d'elle-même. » Ici il est ques- tion d'un élément intime de la vie, soit principe, soit doctrine, plutôt que d'aucune manifestation extérieure; et il est à observer que, selon l'esprit du texte, le caractère *spontané* aussi bien que *graduel* appartient à la croissance. Cette description du progrès correspond à ce qui a déjà été observé par rapport au développement; c'est-à-dire qu'il n'est le résultat ni de la volonté, ni de la résolution, ni d'une exaltation factice, ni du mécanisme de la raison, ni même d'une plus grande subtilité de l'intelligence, mais qu'il agit par sa force native, dont l'expansion et l'effet ont lieu dans un moment déterminé. Sans doute que la réflexion, jusqu'à un certain point, le régit et le modifie en l'appropriant au génie particulier des personnes, mais toujours selon le premier développement moral de l'esprit lui-même. »

Il est impossible d'indiquer plus clairement l'existence des deux lois qui se complètent l'une l'autre, bien qu'opposées en apparence, de la nécessité providentielle et de la liberté humaine. Pour les hommes, la nature elle-même est cette nécessité qui contient et féconde les élans de leur Verbe créateur; Verbe qui constitue dans l'homme la ressemblance de Dieu, et qu'on appelle la liberté !

La tactique des hérésiarques et des matérialistes a été de tout temps d'abuser des mots pour per-

vertir les choses ; puis d'accuser l'autorité d'apo—
stasie, lorsqu'elle vengeait, en les condamnant
eux-mêmes, les vérités mal interprétées par eux
et qui leur servaient d'enseignes.

Vous appelez liberté la plus condamnable licence, vous appelez progrès un mouvement tumul-
tueux et subversif ; l'Église vous désavoue, et vous
l'accusez avec amertume d'être l'ennemie du
progrès et de la liberté ! Elle n'est ennemie que
du mensonge, et vous le savez bien. Et c'est pourquoi, voulant persévérer dans votre guerre contre
elle, il faut bien toujours que vous mentiez : autrement, vous seriez d'accord avec elle, et il faudrait,
bon gré, mal gré, que vous subissiez sa puissance.

Voilà ce qu'on peut dire au nom de l'Église,
à ses adversaires de mauvaise foi. Mais nous avons
à répondre ici à des objections plus sérieuses. Des
catholiques sincères, mais peu éclairés, plus attachés à la lettre qu'à l'esprit des décisions pontifi-
cales, nous diront peut-être que, dans ses encycli-
ques au sujet des doctrines de l'abbé de Lamennais,
Rome a formellement condamné les idées de liberté
et de progrès.

Nous répondrons par les termes mêmes de la
première encyclique : Le pape condamne ceux qui,

pour *régénérer* l'Église, veulent la *rendre tout humaine, de divine qu'elle est* dans son autorité et dans son principe.

Donc ce que le juge condamne, ce n'est pas l'*affirmation du Verbe humain*, mais la *négation du Verbe divin*. L'Église est donc ici dans son droit et dans son devoir. Rome a vu le principe de son autorité spirituelle attaqué par les œuvres de l'illustre écrivain, et la preuve qu'elle ne se trompait pas, et que M. de Lamennais ne croyait déjà plus à cette toute-puissance morale dont il avait été naguère le plus zélé et le plus puissant défenseur, c'est qu'il ne s'est pas soumis à ses décisions et qu'il a passé outre, enjambant d'un seul pas rétrograde, l'Église, le christianisme et la civilisation tout entière.

Quant à la liberté que l'Église réprouve, c'est celle qui a voulu détrôner Pie IX, et qui a conduit l'Europe au bord de l'abîme. Mais que peut-il y avoir de commun entre la liberté des enfants de Dieu et celle des enfants de Caïn ?

Nous ne croyons donc pas, encore une fois, que l'Église romaine laisse prendre à l'Église d'Orient l'initiative du mouvement régénérateur. L'immobilité de la barque de Pierre, au milieu du va-et-vient des vagues révolutionnaires,

n'est qu'une protestation divine en faveur du
véritable progrès.

Tout ce qui s'accomplit hors de l'autorité s'accomplit hors de la nature, qui est la loi positive de
l'autorité éternelle. L'idéal humain peut donc suivre
deux voies opposées : ou dévancer la science par
l'intuition qu'elle doit justifier plus tard, ou s'écarter de la science par l'hallucination qu'elle condamne. Les amis du désordre, les âmes captives
de l'égoïsme brutal, craignant le joug de la science
et la discipline de la raison, prennent toujours
l'hallucination pour guide. Le paganisme a eu ses
faux mystiques, et c'est ainsi que le dogme philosophique des anciens Hellènes s'est changé en idolâtrie; le christianisme a été aussi affligé à son
tour de la même plaie, et un ascétisme inhumain,
entraînant après lui comme réaction le quiétisme
le plus immoral, a fait calomnier la piété véritable
et a éloigné bien des âmes des pratiques de la
religion.

Un des plus remarquables fantaisistes de notre
temps, le paradoxal P.-J. Proudhon, ayant un jour
à contrarier M. de Lamartine qui était alors au
pouvoir, lança contre les poëtes une de ces cyni-
ques et éloquentes diatribes qu'il sait si bien faire.

Nous n'avons pas sous les yeux cette page empor-
tée comme tant d'autres par le tourbillon révolutionnaire, mais nous nous rappelons avec quelle
verve le trop célèbre rêveur déclamait contre
la poésie et contre les rêves ; il était effrayant de
vérité lorsqu'il représentait l'État chancelant et
dévoyé, prêt à trébucher dans le sang à la suite de
quelque joueur de guitare que l'extase de sa propre musique empêchera d'entendre les impréca-
tions, les sanglots et les râles ! Voilà, s'écriait-il, ce
que c'est que le gouvernement des poëtes ! Puis,
s'échauffant pour son idée, comme c'est l'ordinaire,
il arrivait à conclure que Néron était l'incarnation
la plus complète de la poésie élevée sur le trône
du monde. Brûler Rome aux sons de la lyre et dra-
matiser ainsi la grande poésie de Virgile, n'était-ce
pas une colossale et impériale et poétique fantaisie ? A la ville des Césars qu'il sacrifiait ainsi comme
un décor à la mise en scène de ses vers, Néron voulait substituer une Rome nouvelle, toute dorée
et construite d'un seul palais !... Oh ! si la grandeur
de l'audace et la témérité des rêves font le sublime
en poésie, Néron était, en effet, un grand poëte !
Mais ce n'est ni M. Proudhon, ni aucun des chefs du
socialisme moderne, qui ont le droit de l'en blâmer.

Néron représente pour nous la personnification
la plus complète de l'idéalisme sans autorité et de
la licence du pouvoir : c'est l'*anarchie* de M. Proudhon résumée en un seul homme et placée sur le
trône de l'univers; c'est l'*absolu* des matérialistes
en voluptés, en audace, en énergie et en puissance. Jamais nature plus désordonnée n'effraya
le monde de ses écarts; et voilà ce que les révolutionnaires de l'école de M. Proudhon entendent
par *de la poésie;* mais nous ne pensons pas comme
eux.

Être poëte, c'est créer; ce n'est pas rêver ni
mentir. Dieu a été poëte lorsqu'il a fait le monde, et
son immortelle épopée est écrite avec des étoiles.
Les sciences ont reçu de lui les secrets de la poésie,
parce que les clefs de l'harmonie ont été remises
entre leurs mains. Les nombres sont poëtes, car
ils chantent avec ces notes toujours justes, qui donnaient des ravissements au génie de Pythagore. La
poésie qui n'accepte pas le monde tel que Dieu l'a
fait, et qui cherche à en inventer un autre, n'est
que le délire des esprits des ténèbres : c'est celle-là
qui aime le mystère et qui nie les progrès de l'intelligence humaine. A celle-là donc les enchantements de l'ignorance et les faux miracles de la

théurgie ! A celle-là le despotisme de la matière et les caprices des passions ! A la poésie anarchique, en un mot, les tentatives toujours vaines, les espérances toujours déçues, le vautour et la rage impuissante de Prométhée, tandis que la poésie soumise à l'ordre, qui lui garantit une liberté inviolable, cueillera les fleurs de la science, traduira l'harmonie des nombres, interprétera la prière universelle et marchera tantôt devant la science, tantôt sur ses traces, mais toujours près d'elle, dans la lumière vivante du Verbe et dans la voie assurée du progrès !

Cet avenir prochain du christianisme retrempé à la source de toute révélation, c'est-à-dire dans les fortes vérités du magisme et de la cabale, a été pressenti par un grand poëte polonais, Adam Mickiewisch, qui a créé pour cette doctrine un nom nouveau, et l'a nommée le *Messianisme*.

Ce nom nous plaît et nous l'adoptons avec plaisir, pourvu qu'il ne représente pas l'idée d'une secte nouvelle. Le monde est las de morcellements et de divisions, et tend de toutes ses forces à l'unité. Aussi ne sommes-nous pas de ceux qui se disent catholiques et non romains ; ce qui constitue un contre-sens des plus ridicules. Catholique veut dire universel, or l'universalité n'est-elle donc pas nécessairement romaine, puisque Rome est dans l'univers?

Le xviiie siècle a vu les abus de la religion, mais il a méconnu la force de cette même religion, parce qu'il n'en devinait pas le secret. La haute magie échappe à l'incrédulité et à l'ignorance parce qu'elle s'appuie également et sur la science et sur la foi.

L'homme est le thaumaturge de la terre, et par son verbe, c'est-à-dire par sa parole intelligente, il dispose des forces fatales. Il rayonne et attire comme les astres; il peut guérir par un attouchement, par un signe, par un acte de sa volonté. Voilà ce que Mesmer, avant nous, était venu révéler au monde; voilà ce secret terrible qu'on enfouissait avec tant de soin dans les ombres des anciens sanctuaires. Que peuvent prouver maintenant les prétendus miracles de l'homme, sinon l'énergie de sa volonté et la puissance de son magnétisme? C'est donc maintenant qu'on peut dire avec vérité que Dieu seul est Dieu, car les hommes de prestige ne se feront plus adorer. D'ailleurs, la synthèse de tous les dogmes nous ramène à un seul symbolisme, qui est celui de la cabale et des mages. Les trois mystères et les quatre vertus réalisent le triangle et le carré magique. Les sept sacrements manifestent les puissances des sept génies ou des sept anges, qui, suivant le texte de l'*Apocalypse*, se tiennent toujours devant le trône de Dieu. Nous comprenons maintenant les mathématiques sacrées qui multiplient soixante et douze fois le divin tétragramme pour former les empreintes des trente-six talismans de Salomon, Ramenés par des études profondes à l'antique théologie d'Israël, nous nous inclinons devant les hautes vérités de la cabale, et nous espérons que les sages Israélites, à leur tour, reconnaîtront qu'ils n'étaient séparés de nous que par des mots mal entendus. Israël a emporté d'Égypte les secrets du sphinx; mais il a méconnu la croix qui, dans les symboles primitifs de l'Égypte magique, était déjà la clef du ciel. Il ne tardera pas à la comprendre, car déjà il a ouvert son cœur à la charité. Le cri d'angoisse des chrétiens de Syrie a ému les enfants de Moïse, et pendant qu'Abd-el-Kader protégeait nos malheureux frères en Orient et les défendait au péril de sa vie, une souscription s'ouvrait à Paris par les soins de l'avocat israélite Crémieux.

La grande énigme des siècles anciens, le sphinx, après avoir fait le tour du monde sans trouver de repos, s'est arrêté au pied de la croix, cette autre grande énigme ; et depuis dix-huit siècles et demi, il la contemple et la médite.

Qu'est-ce que l'homme ? demande le sphinx à la croix, et la croix répond au sphinx en lui demandant : Qu'est-ce que Dieu ?

Déjà dix-huit fois le vieil Aaswérus a fait aussi le tour du globe ; et à la fin de tous les siècles, et au commencement de toutes les générations, il passe près de la croix muette et devant le sphinx immobile et silencieux.

Quand il sera las de marcher toujours sans arriver jamais, c'est là qu'il se reposera, et alors le sphinx et la croix parleront tour à tour pour le consoler.

Je suis le résumé de la sagesse antique, dira le sphinx ; je suis la synthèse de l'homme. J'ai un front qui pense et des mamelles qui se gonflent d'amour ; j'ai des griffes de lion pour la lutte, des flancs de taureau pour le travail et des ailes d'aigle pour monter vers la lumière. Je n'ai été compris dans les temps anciens que par l'aveugle volontaire de Thèbes, ce grand symbole de la mystérieuse expiation qui devait initier l'humanité à l'éternelle justice ; mais maintenant l'homme n'est plus l'enfant maudit qu'un crime originel fait exposer à la mort sur le Cythéron ; le père est venu expier à son tour le supplice de son fils ; l'ombre de Laïus a gémi des tourments d'OEdipe ; le ciel a expliqué au monde mon énigme sur cette croix. C'est pourquoi je me tais en attendant qu'elle-même s'explique au monde : repose-toi, Aaswérus, car c'est ici le terme de ton douloureux voyage.

— Je suis la clef de la sagesse à venir, dira la croix ; je suis le signe glorieux du *stauros* que Dieu a fixé aux quatre points cardinaux du ciel, pour servir de double pivot à l'univers.

J'ai expliqué sur la terre l'énigme du sphinx, en donnant aux hommes la raison de la douleur ; j'ai consommé le symbolisme religieux en réalisant le sacrifice. Je suis l'échelle sanglante par où l'humanité monte vers Dieu et par où Dieu descend vers les hommes. Je suis l'arbre du sang, et mes racines le boivent par toute la terre, afin qu'il ne soit pas perdu, mais qu'il forme sur mes branches des fruits de dévouement et d'amour. Je suis le signe de la gloire, parce que j'ai révélé l'honneur ; et les princes de la terre m'attachent sur la poitrine des braves. Un d'entre eux m'a donné une cinquième branche pour faire de moi une étoile ; mais

je m'appelle toujours la croix. Peut-être celui qui
fut le martyr de la gloire prévoyait-il son sacrifice,
et voulait-il, en ajoutant une branche à la croix,
préparer un chevet à sa propre tête à côté de celle
du Christ. J'étends mes bras également à droite et
à gauche, et j'ai également répandu les bénédictions de Dieu sur Madeleine et sur Marie; j'offre
le salut aux pécheurs, et aux justes la grâce nouvelle; j'attends Caïn et Abel pour les réconcilier et
les unir. Je dois servir de point de ralliement aux
peuples, et je dois présider au dernier jugement
des rois; je suis l'abrégé de la loi, car je porte écrit
sur mes branches : Foi, espérance et charité. Je
suis le résumé de la science, parce que j'explique
la vie humaine et la pensée de Dieu. Ne tremble
pas, Aaswérus, et ne redoute plus mon ombre; le
crime de ton peuple est devenu celui de l'univers,
car les chrétiens aussi ont crucifié leur Sauveur;
ils l'ont crucifié en foulant aux pieds sa doctrine de
communion, ils l'ont crucifié en la personne des
pauvres, ils l'ont crucifié en te maudissant toi-
même et en proscrivant ton exil; mais le crime
de tous les hommes les enveloppe tous dans le
même pardon; et toi, le Caïn humanitaire, toi,
l'aîné de ceux que doit racheter la croix, viens te

reposer sous l'un de ses bras encore teint du sang rédempteur! Après toi viendra le fils de la seconde synagogue, le pontife de la loi nouvelle, le successeur de Pierre; lorsque les nations l'auront proscrit comme toi, lorsqu'il n'y aura plus d'autre couronne que celle du martyre, et lorsque la persécution l'aura rendu soumis et doux comme le juste Abel, alors reviendra Marie, la femme régénérée, la mère de Dieu et des hommes; et elle réconci - liera le Juif errant avec le dernier des papes, puis elle recommencera la conquête du monde pour le rendre à ses deux enfants. L'amour régénéra les sciences, la raison justifiera la foi. Alors je redeviendrai l'arbre du paradis terrestre, l'arbre de la science du bien et du mal, l'arbre de la liberté humaine. Mes immenses rameaux ombrageront le monde entier, et les populations fatiguées se délasseront sous mon ombre; mes fruits seront la nourriture des forts et le lait des petits enfants; et les oiseaux du ciel, c'est-à-dire ceux qui passent en chantant, portés sur les ailes de l'inspiration sacrée, ceux-là se reposeront sur mes branches toujours vertes et chargées de fruits. Repose-toi donc, Aaswérus, dans l'espérance de ce bel avenir; car c'est ici le terme de ton douloureux voyage.

Alors le Juif errant, secouant la poussière de ses pieds endoloris, dira au sphinx : Je te connais depuis longtemps! — Ézéchiel te voyait autrefois attelé à ce chariot mystérieux qui représente l'univers et dont les roues étoilées tournent les unes dans les autres; j'ai accompli une seconde fois les destinées errantes de l'orphelin du Cythéron; comme lui, j'ai tué mon père sans le connaître; lorsque le déicide s'est accompli, et lorsque j'ai appelé sur moi la vengeance de son sang, je me suis condamné moi-même à l'aveuglement et à l'exil. Je te fuyais et je te cherchais toujours, car tu étais la première cause de mes douleurs. Mais tu voyageais péniblement comme moi, et par des chemins différents, nous devions arriver ensemble; béni sois-tu, ô génie des anciens âges! de m'avoir ramené au pied de la croix!

Puis, s'adressant à la croix elle même, Aaswérus dira en essuyant sa dernière larme : Depuis dix-huit siècles, je te connais, car je t'ai vue portée par le Christ qui succombait sous ce fardeau. J'ai branlé la tête et je t'ai blasphémée alors, parce que je n'avais pas encore été initié à la malédiction; il fallait à ma religion l'anathème du monde pour lui faire comprendre la divinité du maudit; c'est pourquoi j'ai souffert avec courage mes dix-huit siècles d'expiation, vivant et souffrant toujours au milieu des générations qui mouraient autour de moi, assistant à l'agonie des empires, et traversant toutes les ruines en regardant toujours avec anxiété si tu n'étais pas renversée; et après toutes les convulsions du monde, je te voyais toujours debout! Mais je ne m'approchais pas de toi, parce que les grands du monde t'avaient profanée encore, et avaient fait de toi le gibet de la Liberté sainte! Je ne m'approchais pas de toi, parce que l'inquisition avait livré mes frères au bûcher en présence de ton image; je ne m'approchais pas de toi, parce que tu ne parlais pas, tandis que les faux ministres du ciel parlaient, en ton nom, de damnation et de vengeances; et moi, je ne pouvais entendre que des paroles de miséricorde et d'union! Aussi, dès que ta voix est parvenue à mon oreille, j'ai senti mon cœur changé et ma conscience s'est calmée! Bénie soit l'heure salutaire qui m'a ramené au pied de la croix!

Alors une porte s'ouvrira dans le ciel et la montagne du Golgotha en sera le seuil, et devant cette porte, l'humanité verra avec étonnement la croix rayonnante gardée par le Juif errant qui aura déposé à ses pieds son bâton de voyage, et par le sphinx qui étendra ses ailes et aura les yeux brillants d'espérance comme s'il allait prendre un nouvel essor et se transfigurer!

Et le sphinx répondra à la question de la croix en disant : Dieu est celui qui triomphe du mal par l'épreuve de ses enfants, celui qui permet la douleur, parce qu'il en possède en lui le remède éternel; Dieu est celui qui est, et devant qui le mal n'est pas.

Et la croix répondra à l'énigme du sphinx : L'homme est le fils de Dieu qui s'immortalise en mourant, et qui s'affranchit, par un amour intelligent et victorieux, du temps et de la mort; l'homme est celui qui doit aimer pour vivre, et qui ne peut aimer sans être libre; l'homme est le fils de Dieu et de la Liberté!

Résumons ici notre pensée. L'homme, sorti des mains de Dieu, est esclave de ses besoins et de son ignorance; il doit s'affranchir par l'étude et le travail. La toute-puissance relative de la volonté, confirmée par le Verbe, rend seule les hommes vraiment libres, et c'est à la science des anciens mages qu'il faut demander les secrets de l'émancipation et des forces vives de la volonté.

Nous rapportons aux pieds de l'enfant de Bethléem l'or, l'encens et la myrrhe des anciens mages, maintenant que les rois de la terre semblent le renvoyer dans la crèche. Que les pontifes soient pauvres, mais qu'ils prennent d'une main le sceptre de la science, le sceptre royal de Salomon, et de l'autre la houlette de la charité, la houlette du bon Pasteur ; et ils commenceront seulement alors à être vraiment rois dans ce monde et dans l'autre !

INTRODUCTION.

A travers le voile de toutes les allégories hiératiques et mystiques des anciens dogmes, à travers
les ténèbres et les épreuves bizarres de toutes les
initiations, sous le sceau de toutes les écritures
sacrées, dans les ruines de Ninive ou de Thèbes, sur
les pierres rongées des anciens temples et sur la
face noircie des sphinx de l'Assyrie ou de l'Égypte,
dans les peintures monstrueuses ou merveilleuses
qui traduisent pour les croyants de l'Inde les pages
sacrées des Védas, dans les emblèmes étranges de
nos vieux livres d'alchimie, dans les cérémonies
de réception pratiquées par toutes les sociétés
mystérieuses, on retrouve les traces d'une doctrine
partout la même et partout soigneusement cachée.
La philosophie occulte semble avoir été la nourrice
ou la marraine de toutes les religions, le levier
secret de toutes les forces intellectuelles, la clef de

toutes les obscurités divines, et la reine absolue de la société, dans les âges où elle était exclusivement réservée à l'éducation des prêtres et des rois.

Elle avait régné en Perse avec les mages, qui périrent un jour, comme périssent les maîtres du monde, pour avoir abusé de leur puissance ; elle avait doté l'Inde des plus merveilleuses traditions et d'un luxe incroyable de poésie, de grâce et de terreur dans ses emblèmes ; elle avait civilisé la Grèce aux sons de la lyre d'Orphée ; elle cachait les principes de toutes les sciences et de tous les progrès de l'esprit humain dans les calculs audacieux de Pythagore ; la fable était pleine de ses miracles, et l'histoire, lorsqu'elle entreprenait de juger cette puissance inconnue, se confondait avec la fable ; elle ébranlait ou affermissait les empires par ses oracles, faisait pâlir les tyrans sur leur trône et dominait tous les esprits par la curiosité ou par la crainte: A cette science, disait la foule, rien n'est impossible: elle commande aux éléments, sait le langage des astres et dirige la marche des étoiles ; la lune, à sa voix, tombe toute sanglante du ciel ; les morts se dressent dans leur tombe et articulent en paroles fatales le vent de la nuit qui siffle dans leur crâne. Maîtresse de l'amour ou de la haine, la science peut donner à son gré aux cœurs humains le paradis ou l'enfer ; elle dispose à loisir de toutes les formes et distribue comme il lui plaît soit la beauté, soit la laideur ; elle change tour à tour, avec la baguette de Circé, les hommes en brutes et les animaux en hommes ; elle dispose même de la vie ou de la mort, et peut conférer à ses adeptes la richesse par la transmutation des métaux, et l'immortalité par sa quintescence et son elixir composé d'or et de lumière ! Voilà ce qu'avait été la magie depuis Zoroastre jusqu'à Manès, depuis Orphée jusqu'à Apollonius de Thyane, lorsque le christianisme positif, triomphant enfin des beaux rêves et des gigantesques aspirations de l'école d'Alexandrie, osa foudroyer publiquement cette philosophie de ses anathèmes, et la réduisit ainsi à être plus occulte et plus mystérieuse que jamais.

D'ailleurs, il courait sur le compte des initiés ou des adeptes des bruits étranges et alarmants ; ces hommes étaient partout environnés d'une influence fatale : ils tuaient ou rendaient fous ceux qui se laissaient entraîner par leur doucereuse éloquence ou par le prestige de leur savoir. Les femmes qu'ils

aimaient devenaient des Stryges, leurs enfants dis-
paraissaient dans leurs conventicules nocturnes, et
l'on parlait tout bas en frissonnant de sanglantes
orgies et d'abominables festins. On avait trouvé
des ossements dans les souterrains des anciens
temples, on avait entendu des hurlements pendant
la nuit; les moissons dépérissaient et les troupeaux
devenaient languissants quand le magicien avait
passé. Des maladies qui défiaient l'art de la médecine faisaient parfois leur apparition dans le monde,
et c'était toujours, disait-on, sous les regards venimeux des adeptes. Enfin, un cri universel de
réprobation s'éleva contre la magie, dont le nom
seul devint un crime, et la haine du vulgaire se
formula par cet arrêt: « Les magiciens au feu ! »
comme on avait dit quelques siècles plus tôt: « Les
chrétiens aux lions ! »

Or, la multitude ne conspire jamais que contre
les puissances réelles; elle n'a pas la science de
ce qui est vrai, mais elle a l'instinct de ce qui
est fort.

Il était réservé au xviii° siècle de rire à la fois
des chrétiens et de la magie, tout en s'engouant
des homélies de Jean-Jacques et des prestiges
de Cagliostro.

Cependant, au fond de la magie il y a la science, comme au fond du christianisme il y a l'amour ; et, dans les symboles évangéliques, nous voyons le Verbe incarné adoré dans son enfance par trois mages que conduit une étoile (le ternaire et le signe du microcosme), et recevant d'eux l'or, l'encens et la myrrhe : autre ternaire mystérieux sous l'emblème duquel sont contenus allégoriquement les plus hauts secrets de la cabale.

Le christianisme ne devait donc pas sa haine à la magie ; mais l'ignorance humaine a toujours peur de l'inconnu. La science fut obligée de se cacher pour se dérober aux agressions passionnées d'un amour aveugle ; elle s'enveloppa dans de nouveaux hiéroglyphes, dissimula ses efforts, déguisa ses espérances. Alors fut créé le jargon de l'alchimie, continuelle déception pour le vulgaire altéré d'or et langue vivante seulement pour les vrais disciples d'Hermès.

Chose singulière ! il existe parmi les livres sacrés des chrétiens deux ouvrages que l'Église infaillible n'a pas la prétention de comprendre et n'essaye jamais d'expliquer : la prophétie d'Ézéchiel et l'*Apocalypse ;* deux clavicules cabalistiques réservées sans doute dans le ciel aux commentaires des rois mages ; livres fermés de sept sceaux pour les croyants fidèles, et parfaitement clairs pour l'infidèle initié aux sciences occultes.

Un autre livre existe encore ; mais celui-là, bien qu'il soit en quelque sorte populaire et qu'on puisse le trouver partout, est le plus occulte et le plus inconnu de tous, parce qu'il contient la clef de tous les autres ; il est dans la publicité sans être connu du public ; on ne s'avise pas de le trouver où il est, et l'on perdrait mille fois son temps à le chercher où il n'est pas si l'on en soupçonnait l'existence. Ce livre, plus ancien peut-être que celui d'Hénoc, n'a jamais été traduit, et il est écrit encore tout entier en caractères primitifs et sur des pages détachées comme les tablettes des anciens. Un savant distingué en a révélé, sans qu'on l'ait remarqué, non pas précisément le secret, mais l'antiquité et la conservation singulière ; un autre savant, mais d'un esprit plus fantastique que judicieux, a passé trente ans à étudier ce livre, et en a seulement soupçonné toute l'importance. C'est, en effet, un ouvrage monumental et singulier, simple et fort comme l'architecture des pyramides, durable par conséquent comme elles ; livre qui résume toutes les sciences, et dont les combinaisons infinies peuvent résoudre tous les problèmes ; livre qui parle en faisant penser ; inspirateur et régulateur de toutes les conceptions possibles ; le chef-d'œuvre peut-être de l'esprit humain, et à coup sûr l'une des plus belles choses que nous ait laissées l'antiquité ; clavicule universelle, dont le nom n'a été compris et expliqué que par le savant illuminé Guillaume Postel ; texte unique, dont les premiers caractères seulement ont ravi en extase l'esprit religieux de saint Martin, et eussent rendu la raison au sublime et infortuné Swedenborg. Ce livre, nous en parlerons plus tard, et son explication mathématique et rigoureuse sera le complément et la couronne de notre consciencieux travail.

L'alliance originelle du christianisme et de la science des mages, si elle est une fois bien démontrée, ne sera pas une découverte d'une médiocre importance, et nous ne doutons pas que le résultat d'une étude sérieuse de la magie et de la cabale n'amène les esprits sérieux à la conciliation, regardée jusqu'à présent comme impossible, de la science et du dogme, de la raison et de la foi.

Nous avons dit que l'Église, dont l'attribut spécial est le dépôt des clefs, ne prétend pas avoir

celles de l'*Apocalypse* ou des visions d'Ézéchiel.
Pour les chrétiens et dans leur opinion, les clavicules scientifiques et magiques de Salomon sont
perdues. Il est cependant certain que, dans le domaine de l'intelligence gouverné par le VERBE, rien
de ce qui est écrit ne se perd. Seulement les
choses dont les hommes cessent d'avoir l'intelligence n'existent plus pour eux, du moins comme
verbe; elles rentrent alors dans le domaine des
énigmes et du mystère.

D'ailleurs, l'antipathie et même la guerre ou-
verte de l'Église officielle contre tout ce qui rentre
dans le domaine de la magie, qui est une sorte de
sacerdoce personnel et émancipé, tient à des causes nécessaires et inhérentes même à la constitution sociale et hiérarchique du sacerdoce chrétien.
L'Église ignore la magie, parce qu'elle doit l'ignorer
ou périr, comme nous le prouverons plus tard ;
elle n'en reconnaît pas moins que son mystérieux
fondateur a été salué dans son berceau par les trois
mages, c'est-à-dire par les ambassadeurs hiératiques des trois parties du monde connu, et des trois
mondes analogiques de la philosophie occulte.

Dans l'école d'Alexandrie, la magie et le christianisme se donnent presque la main sous les aus-

pices d'Ammonius Saccas et de Platon. Le dogme d'Hermès se trouve presque tout entier dans les écrits attribués à Denis l'Aréopagite. Synésius trace le plan d'un traité des songes, qui devait plus tard être commenté par Cardan, et composé d'hymnes qui pourraient servir à la liturgie de l'église de Swedenborg, si une église d'illuminés pouvait avoir une liturgie. C'est aussi à cette époque d'abstractions ardentes et de logomachies passionnées qu'il faut rattacher le règne philosophique de Julien, nommé l'Apostat, parce que, dans sa jeunesse, il avait fait, à contre-cœur, profession du christianisme. Tout le monde sait que Julien eut le tort d'être un héros de Plutarque hors de saison, et fut, si l'on peut parler ainsi, le Don Quichotte de la chevalerie romaine ; mais ce que tout le monde ne sait pas, c'est que Julien était un illuminé et un initié de premier ordre ; c'est qu'il croyait à l'unité de Dieu et au dogme universel de la Trinité ; c'est en un mot, qu'il ne regrettait du vieux monde que ses magnifiques symboles et ses trop gracieuses images. Julien n'était pas un païen, c'était un gnostique entiché des allégories du polythéisme grec et qui avait le malheur de trouver le nom de Jésus-Christ moins sonore que celui d'Orphée. L'empereur en lui paya pour les goûts de collége du philosophe et du rhéteur; et après qu'il se fut donné à lui-même le spectacle et le plaisir d'expirer comme Épaminondas avec des phrases de Caton, il eut dans l'opinion publique, déjà toute chrétienne, des anathèmes pour oraison funébre et une épithète flétrissante pour dernière célébrité.

Enjambons les petites choses et les petits hommes du Bas-Empire et arrivons au moyen âge... Tenez, prenez ce livre : lisez à la septième page, puis asseyez-vous sur le manteau que je vais étendre et dont nous ramènerons un pan sur nos yeux... La tête vous tourne, n'est-ce pas, et il vous semble que la terre fuit sous vos pieds? Tenez-vous ferme et ne regardez pas... Le vertige cesse; nous y sommes. Levez-vous et ouvrez les yeux. mais gardez-vous bien de faire aucun signe ni de prononcer aucune parole de christianisme. Nous sommes dans un paysage de Salvator Rosa. C'est un désert tourmenté qui semble se reposer après la tempête. La lune ne paraît plus au ciel; mais ne voyez-vous pas danser des petites étoiles dans la bruyère? N'entendez-vous pas voler autour de vous des oiseaux gigantesques qui semblent en passant murmurer des paroles étranges?

Approchons en silence de ce carrefour dans les rochers. Une rauque et funèbre trompette se fait entendre; des torches noires s'allument de tous côtés. Une assemblée tumultueuse se presse autour d'un siége vide; on regarde et l'on attend. Tout à coup chacun se prosterne, et l'on murmure : Le voilà ! le voilà ! c'est lui ! Un prince à tête de bouc arrive en bondissant; il monte sur le trône; il se tourne et présente à l'assemblée en se baissant une figure humaine à qui tout le monde vient, cierge noir en main, donner une salutation et un baiser, puis il se redresse avec un rire strident et distribue à ses affidés de l'or, des instructions secrètes, des médecines occultes et des poisons. Pendant ce temps des feux s'allument, le bois d'aulne et la fougère y brûlent pêle-mêle avec des ossements humains et de la graisse de suppliciés. Des druidesses couronnées d'ache et de verveine sacrifient avec des faucilles d'or des enfants soustraits au baptême et préparent d'horribles agapes. Les tables sont dressées : les hommes masqués se placent auprès des femmes à demi nues, et l'on commence le festin des bacchanales; rien n'y manque, excepté le sel, qui est le symbole de la sagesse et de l'immortalité. Le vin coule à flots, et laisse des taches

semblables à celles du sang; les propos obscènes
et les folles caresses commencent; voilà toute l'assemblée qui est ivre de vin, de crimes, de luxure
et de chansons; on se lève en désordre, et l'on
court former des rondes infernales... Arrivent
alors tous les monstres de la légende, tous les fantômes du cauchemar; d'énormes crapauds embou-
chent la flûte à contre-sens, et soufflent en se
pressant les flancs avec leurs pattes; des scarabées
boiteux se mêlent à la danse, des écrevisses jouent
des castagnettes, des crocodiles font guimbardes
de leurs écailles, des éléphants et des mammouths
arrivent vêtus en Cupidon et lèvent la jambe en
dansant. Puis les rondes éperdues se brisent et se
dispersent... Chaque danseur entraîne en hurlant
une danseuse échevelée. . Les lampes et les chan-
delles de suif humain s'éteiguent en fumant dans
l'ombre... On entend çà et là des cris, des éclats
de rire, des blasphèmes et des râles... Allons,
réveillez-vous et ne faites pas le signe de la croix: je
vous ai remis chez vous et vous êtes dans votre lit.
Vous êtes un peu fatigué, un peu brisé même, de
votre voyage et de votre nuit; mais vous avez vu
une chose dont tout le monde parle sans la connaître; vous êtes initié à des secrets terribles

comme ceux de l'antre de Trophonius : vous avez assisté au sabbat ! Il vous reste maintenant à ne pas devenir fou, et à vous maintenir dans une crainte salutaire de la justice, et à une distance respectueuse de l'Église et de ses bûchers !

Voulez-vous voir encore quelque chose de moins fantastique, de plus réel. et véritablement même de plus terrible ? Je vous ferai assister au supplice de Jacques de Molay et de ses complices ou de ses frères dans le martyre... Mais, ne vous y trompez pas, et ne confondez pas le coupable avec l'innocent. Les templiers ont-ils réellement adoré Baphomet ? ont ils donné une accolade humiliante à la face postérieure du bouc de Méndès ? Quelle était donc cette association secrète et puissante qui a mis en péril l'Église et l'État, et qu'on tue ainsi sans l'entendre ? Ne jugez rien à la légère ; ils sont coupables d'un grand crime : ils ont laissé entrevoir à des profanes le sanctuaire de l'antique initiation ; ils ont cueilli encore une fois et partagé entre eux, pour devenir ainsi les maîtres du monde, les fruits de la science du bien et du mal. L'arrêt qui les condamne remonte plus haut que le tribunal même du pape ou du roi Philippe le Bel. « Du jour où tu mangeras de ce fruit, tu seras frappé de mort », avait dit Dieu lui-même, comme nous le voyons dans le livre de la *Genèse*.

Que se passe-t-il donc dans le monde, et pourquoi les prêtres et les rois ont-ils frémi ? Quel pouvoir secret menace les tiares et les couronnes ? Voilà quelques fous qui courent de pays en pays, et qui cachent, disent-ils, la pierre philosophale sous les haillons de leur misère. Ils peuvent changer la terre en or, et ils manquent d'asile et de pain ! Leur front est ceint d'une auréole de gloire et d'un reflet d'ignominie ! L'un a trouvé la science universelle, et ne sait comment mourir pour échapper aux tortures de son triomphe : c'est le Majorcain Raymond Lulle. L'autre guérit par des remèdes fantastiques les maladies imaginaires, et donne d'avance un démenti formel au proverbe qui constate l'inefficacité d'un cautère sur une jambe de bois : c'est le merveilleux Paracelse, toujours ivre et toujours lucide comme les héros de Rabelais. Ici, c'est Guillaume Postel, qui écrit naïvement aux pères du concile de Trente parce qu'il a trouvé la doctrine absolue, cachée depuis le commencement du monde, et qu'il lui tarde de la leur faire partager. Le concile ne s'inquiète pas même du fou, ne daigne pas le condamner, et passe à l'examen des graves questions de la grâce efficace et de la grâce suffisante. Celui que nous voyons mourir pauvre et abandonné, c'est Cornélius Agrippa, le moins magicien de tous, et celui que le vulgaire s'obstine à prendre pour le plus sorcier, parce qu'il était quelquefois satirique et mystificateur. Quel secret tous ces hommes emportent-ils donc dans leur tombe? Pourquoi les admire-t-on sans les connaître? Pourquoi les condamne-t-on sans les entendre? Vous demandez pourquoi? Et pourquoi sont-ils initiés à ces terribles sciences occultes dont l'Église et la société ont peur? Pourquoi savent-ils ce que les autres hommes ignorent? Pourquoi dissimulent-ils ce que chacun brûle de savoir? Pourquoi sont-ils investis d'un pouvoir terrible et inconnu? Les sciences occultes! la magie! voilà des mots qui vous disent tout et qui peuvent encore vous faire penser davantage! *De omni re scibili et quibusdam aliis.*

Qu'était-ce donc que la magie? Quelle était donc la puissance de ces hommes si persécutés et si fiers? Pourquoi, s'ils étaient si forts, n'ont-ils pas été vainqueurs de leurs ennemis? Pourquoi, s'ils étaient insensés et faibles, leur faisait-on l'honneur de tant les craindre? Existe-t-il une magie, existe-t-il une science occulte qui soit véritablement une puissance et qui opère des prodiges capables de faire concurrence aux miracles des religions autorisées ?

A ces deux questions principales nous répondrons par un mot et par un livre. Le livre sera la justification du mot, et ce mot le voici : *oui*, il a existé et il existe encore une magie puissante et réelle ; *oui*, tout ce que les légendes en ont dit était vrai ; ici seulement, et contrairement à ce qui arrive d'ordinaire, les exagérations populaires n'étaient pas seulement à côté, mais au-dessous de la vérité.

Oui, il existe un secret formidable, dont la révélation a déjà renversé un monde, comme l'attestent les traditions religieuses de l'Égypte, résumées symboliquement par Moïse, au commencement de la *Genèse*. Ce secret constitue la science fatale du bien et du mal, et son résultat, lorsqu'on le divulgue, c'est la mort. Moïse le représente sous la figure d'un arbre qui est *au centre* du Paradis terrestre, et qui est voisin, qui tient même par ses racines à l'arbre de vie ; les quatre fleuves mystérieux prennent leur source au pied de cet arbre, qui est gardé par le glaive de feu et par les quatre formes du sphinx biblique, le Chérubin d'Ezé-

chiel... Ici je dois m'arrêter, et je crains déjà d'en
avoir trop dit.

Oui, il existe un dogme unique, universel,
impérissable, fort comme la raison suprême,
simple comme tout ce qui est grand, intelligible
comme tout ce qui est universellement et absolument vrai, et ce dogme a été le père de tous les
autres.

Oui, il existe une science qui confère à l'homme
des prérogatives en apparence surhumaines; les
voici telles que je les trouve énumérées dans un
manuscrit hébreu du xvi° siècle:

« Voici maintenant quels sont les priviléges et
les pouvoirs de celui qui tient en sa main droite
les clavicules de Schlomoh, et dans la gauche la
branche d'amandier fleuri :

א *Aleph.* — Il voit Dieu face à face, sans mourir,
et converse familièrement avec les sept génies
qui commandent à toute la milice céleste.

ב *Beth.* — Il est au-dessus de toutes les afflictions
et de toutes les craintes.

ג *Ghimel.* — Il règne avec tout le ciel et se fait servir par tout l'enfer.

ד *Daleth.* — Il dispose de sa santé et de sa vie et peut également disposer de celle des autres.

ה *He.* — Il ne peut être ni surpris par l'infortune, ni accablé par les désastres, ni vaincu par ses ennemis.

ו *Vau.* — Il sait la raison du passé, du présent et de l'avenir.

ז *Dzain.* — Il a le secret de la résurrection des morts et la clef de l'immortalité.

Ce sont là les sept grands priviléges. Voici ceux qui viennent après :

ח *Cheth.* — Trouver la pierre philosophale.

ט *Teth.* — Avoir la médecine universelle.

י *Jod.* — Connaître les lois du mouvement per-

pétuel, et pouvoir démontrer la quadrature
du cercle.

ב *Caph*. — Changer en or non-seulement tous les
métaux, mais aussi la terre elle-même, et
les immondices mêmes de la terre.

ל *Lamed*. — Dompter les animaux les plus féro-
ces, et savoir dire les mots qui engourdissent
et charment les serpents.

מ *Mem*. — Posséder l'art notoire qui donne la
science universelle.

נ *Nun*. — Parler savamment sur toutes choses,
sans préparation et sans étude.

Voici enfin les sept moindres pouvoirs du mage :

ס *Samech*. — Connaître à la première vue le fond
de l'âme des hommes et les mystères du cœur
des femmes.

ע *Gnain*. — Forcer, quand il lui plaît, la nature à
se livrer.

פ *Phe.* — Prévoir tous ceux des événements futurs qui ne dépendent pas d'un libre arbitre supérieur, ou d'une cause insaisissable.

צ *Tsade.* — Donner sur-le-champ et à tous les consolations les plus efficaces et les conseils les plus salutaires.

ק *Coph.* — Triompher des adversités.

ר *Resch.* — Dompter l'amour et la haine.

ש *Schin.* — Avoir le secret des richesses, en être le maître toujours, et jamais l'esclave. Savoir jouir même de la pauvreté, et ne tomber jamais ni dans l'abjection ni dans la misère.

ת *Thau.* — Ajouterons-nous à ces trois septénaires que le sage gouverne les éléments, qu'il apaise les tempêtes, qu'il guérit les malades en les touchant, et qu'il ressuscite les morts!

Mais il est des choses que Salomon a scellées de son triple sceau. Les initiés savent, il suffit. Quant aux autres, qu'ils rient, qu'ils croient, qu'ils doutent, qu'ils menacent ou qu'ils aient peur, qu'importe à la science et que nous importe? »

Tels sont, en effet, les résultats de la philosophie occulte, et nous sommes en mesure de ne pas craindre une accusation de folie ou un soupçon de charlatanisme en affirmant que tous ces priviléges sont réels.

C'est ce que notre travail entier sur la philosophie occulte aura pour but de démontrer.

La pierre philosophale, la médecine universelle, la transmutation des métaux, la quadrature du cercle et le secret du mouvement perpétuel ne sont donc ni des mystifications de la science ni des rêves de la folie ; ce sont des termes qu'il faut comprendre dans leur véritable sens, et qui expriment tous les différents usages d'un même secret, les différents caractères d'une même opération, qu'on définit d'une manière plus générale en l'appelant seulement le grand œuvre.

Il existe aussi dans la nature une force bien autrement puissante que la vapeur, et au moyen de laquelle un seul homme, qui pourrait s'en emparer et saurait la diriger, bouleverserait et changerait la face du monde. Cette force était connue des anciens : elle consiste dans un agent universel dont

la loi suprême est l'équilibre et dont la direction
tient immédiatement au grand arcane de la magie
transcendante. Par la direction de cet agent, on
peut changer l'ordre même des saisons, produire
dans la nuit les phénomènes du jour, correspondre
en un instant d'une extrémité à l'autre de la terre,
voir, comme Apollonius, ce qui se passe à l'autre
bout du monde, guérir ou frapper à distance, donner à la parole un succès et un retentissement universels. Cet agent, qui se révèle à peine sous les
tâtonnements des disciples de Mesmer, est précisément ce que les adeptes du moyen âge appelaient la matière première du grand œuvre. Les
gnostiques en faisaient le corps igné du Saint-
Esprit, et c'était lui qu'on adorait dans les rites
secrets du sabbat ou du temple, sous la figure hiéroglyphique de Baphomet ou du bouc Androgyne
de Mendès. Tout cela sera démontré.

Tels sont les secrets de la philosophie occulte,
telle nous apparaît la magie dans l'histoire; voyons-
la maintenant dans les livres et dans les œuvres,
dans les initiations et dans les rites.

La clef de toutes les allégories magiques se
trouve dans les feuillets que nous avons signalés, et
que nous croyons l'ouvrage d'Hermès. Autour de

ce livre, qu'on peut appeler la clef de voûte de tout l'édifice des sciences occultes, viennent se ranger d'innombrables légendes qui en sont ou la traduction partielle ou le commentaire sans cesse renouvelé sous mille formes différentes. Parfois ces fables ingénieuses se groupent harmonieusement et forment une grande épopée qui caractérise une époque, sans que la foule puisse expliquer comment ni pourquoi. C'est ainsi que l'histoire fabuleuse de la Toison-d'Or résume, en les voilant, les dogmes hermétiques et magiques d'Orphée, et si nous remontons seulement aux poésies mystérieuses de la Grèce, c'est que les sanctuaires de l'Égypte et de l'Inde nous épouvantent en quelque sorte de leur luxe, et nous laissent embarrassés pour le choix au milieu de tant de richesses; puis il nous tarde d'arriver à la Thébaïde, cette effrayante synthèse de tout le dogme présent, passé et futur, cette fable pour ainsi dire infinie, qui touche, comme le dieu d'Orphée, aux deux extrémités du cycle de la vie humaine. Chose étrange! les sept portes de Thèbes, défendues et attaquées par sept chefs qui ont juré sur le sang des victimes, ont le même sens que les sept sceaux du livre sacré expliqué par sept génies, et attaqué par un monstre à sept têtes après avoir été ouvert par un agneau vivant et immolé dans le livre allégorique de saint Jean ! L'origine mystérieuse d'OEdipe, qu'on trouve suspendu comme un fruit sanglant sur un arbre du Cythéron, rappelle les symboles de Moïse et les récits de la *Genèse*. Il lutte contre son père et le tue sans le connaître : épouvantable prophétie de l'émancipation aveugle de la raison sans la science; puis il arrive en face du sphinx ! le sphinx, le sym-bole des symboles, l'énigme éternelle du vulgaire, le piédestal de granit de la science des Sages, le monstre dévorant et silencieux qui exprime par sa forme invariable le dogme unique du grand mys-tère universel. Comment le quaternaire se change-t-il en binaire et s'explique-t-il par le ternaire? En d'autres termes plus emblématiques et plus vulgaires, quel est l'animal qui le matin a quatre pieds, deux à midi et trois le soir? Philosophique-ment parlant, comment le dogme des forces élé-mentaires produit-il le dualisme de Zoroastre, et se résume-t-il par la triade de Pythagore et de Platon? Quelle est la raison dernière des allégo-ries et des nombres, le dernier mot de tous les symbolismes? OEdipe répond une parole simple et terrible qui tue le sphinx et va rendre le divina-

teur roi de Thèbes : le mot de l'énigme, c'est
l'homme!... Malheureux, il a vu trop et pas assez
clair, et bientôt il expiera sa funeste et incomplète
clairvoyance par un aveuglement volontaire, puis
il disparaîtra au milieu d'un orage comme toutes
les civilisations qui un jour auront deviné, sans en
comprendre toute la portée et tout le mystère, le
mot de l'énigme du sphinx. Tout est symbolique
et transcendental dans cette gigantesque épopée
des destinées humaines. Les deux frères ennemis
expriment la seconde partie du grand mystère
complété divinement par le sacrifice d'Antigone;
puis la guerre, la dernière guerre, les frères ennemis tués l'un par l'autre, Capanée tué par la
foudre qu'il défiait, Amphiaraüs dévoré par la
terre, sont autant d'allégories qui remplissent
d'étonnement par leur vérité et leur grandeur ceux
qui en pénètrent le triple sens hiératique. Eschyle,
commenté par Ballanche, n'en donne qu'une bien
faible idée, quelles que soient d'ailleurs les majes
tés primitives de la poésie d'Eschyle et la beauté
du livre de Ballanche.

Le livre secret de l'antique initiation n'était
pas ignoré d'Homère, qui en trace le plan et les
principales figures sur le bouclier d'Achille, avec

une précision minutieuse. Mais les gracieuses fictions d'Homère semblent bientôt faire oublier les
simples et abstraites vérités de la révélation primitive. L'homme se prend à la forme et laisse l'idée
en oubli; les signes, en se multipliant, perdent leur
puissance; la magie aussi, à cette époque, se cor-
rompt et va descendre avec les sorcières de Thessalie aux plus profanes enchantements. Le crime
d'OEdipe a porté ses fruits de mort, et la science
du bien et du mal érige le mal en divinité sacri-
lége. Les hommes, fatigués de la lumière, se réfu-
gient dans l'ombre de la substance corporelle : le
rêve du vide que Dieu remplit leur semble bientôt
plus grand que Dieu même, et l'enfer est créé.

Lorsque, dans le cours de cet ouvrage, nous nous
servirons des mots consacrés : Dieu, le Ciel, l'Enfer, qu'on sache bien, une fois pour toutes, que
nous nous éloignons autant du sens attaché à ces
mots par les profanes que l'initiation est séparée
de la pensée vulgaire. Dieu, pour nous, c'est l'Azot
des sages le principe efficient et final du grand
œuvre. Nous expliquerons plus tard ce que ces
termes ont d'obscur.

Revenons à la fable d'OEdipe. Le crime du roi
de Thèbes n'est pas d'avoir compris le sphinx, c'est

d'avoir détruit le fléau de Thèbes sans être assez pur pour compléter l'expiation au nom de son peuple ; aussi bientôt la peste venge la mort du sphinx, et le roi de Thèbes, forcé d'abdiquer, se sacrifie aux mânes terribles du monstre, qui est plus vivant et plus dévorant que jamais, maintenant qu'il est passé du domaine de la forme dans celui de l'idée. OEdipe a vu ce que c'est que l'homme, et il se crève les yeux pour ne pas voir ce que c'est que Dieu. Il a divulgué la moitié du grand arcane magique, et, pour sauver son peuple, il faut qu'il emporte avec lui dans l'exil et dans la tombe l'autre moitié du terrible secret.

Après la fable colossale d'OEdipe, nous trouvons le gracieux poëme de Psyché, dont Apulée n'est certainement pas l'inventeur. Le grand arcane magique reparaît ici sous la figure de l'union mystérieuse entre un dieu et une faible mortelle abandonnée seule et nue sur un rocher. Psyché doit ignorer le secret de sa royauté idéale, et si elle regarde son époux, elle le perd. Apulée ici commente et interprète les allégories de Moïse ; mais les Eloïm d'Israël et les dieux d'Apulée ne sont-ils pas sortis également des sanctuaires de Memphis et de Thèbes ? Psyché est la sœur d'Ève, ou plutôt c'est Ève spiritualisée. Toutes deux veulent savoir, et perdent l'innocence pour gagner l'honneur de l'épreuve. Toutes deux méritent de descendre dans les enfers, l'une pour en rapporter la boîte antique de Pandore, l'autre pour y chercher et y écraser la tête de l'ancien serpent, qui est le symbole du temps et du mal. Toutes deux commettent le crime que doivent expier le Prométhée des temps anciens et le Lucifer de la légende chrétienne, l'un délivré, l'autre soumis par Hercule et par le Sauveur.

Le grand secret magique, c'est donc la lampe et le poignard de Psyché, c'est la pomme d'Ève, c'est le feu sacré dérobé par Prométhée, c'est le sceptre brûlant de Lucifer, mais c'est aussi la croix sainte du Rédempteur. Le savoir assez pour en abuser ou le divulguer, c'est mériter tous les supplices ; le savoir comme on doit le savoir, pour s'en servir et le cacher, c'est être maître de l'absolu.

Tout est renfermé dans un mot, et dans un mot de quatre lettres : c'est le Tétragramme des Hébreux, c'est l'Azot des alchimistes, c'est le Thot des Bohémiens, ou le Taro des Cabalistes. Ce mot, exprimé de tant de manières, veut dire Dieu pour les profanes, signifie l'homme pour les philosophes, et donne aux adeptes le dernier mot des sciences humaines et la clef du pouvoir divin ; mais celui-là seul sait s'en servir qui comprend la nécessité de ne jamais le révéler. Si OEdipe, au lieu de faire mourir le sphinx, l'avait dompté et attelé à son char pour rentrer dans Thèbes, il eût été roi sans inceste, sans calamités et sans exil. Si Psyché, à force de soumissions et de caresses, eût engagé l'Amour à se révéler lui-même, elle ne l'eût jamais perdu. L'Amour est une des images mythologiques du grand secret et du grand agent, parce qu'il exprime à la fois une action et une passion, un vide et une plénitude, une flèche et une blessure. Les initiés doivent me comprendre, et à cause des profanes, il ne faut pas en dire trop.

Après le merveilleux âne d'or d'Apulée, nous ne trouvons plus d'épopées magiques. La science, vaincue dans Alexandrie par le fanatisme des meurtriers d'Hypatie, se fait chrétienne, ou plutôt se cache sous des voiles chrétiens avec Ammonius, Synésius et le pseudonyme auteur des livres de Denys l'Aréopagite. Il fallait, en ce temps-là, se faire pardonner les miracles par les apparences de la superstition, et la science par un langage inintelligible. On ressuscita l'écriture hiéroglyphique, et l'on inventa les pantacles et les caractères qui

résumaient toute une doctrine dans un signe, toute
une série de tendances et de révélations dans un
mot. Quel était le but des aspirants à la science?
Ils cherchaient le secret du grand œuvre, ou la
pierre philosophale, ou le mouvement perpétuel,
ou la quadrature du cercle, ou la médecine universelle, formules qui les sauvaient souvent de la
persécution et de la haine en les faisant taxer de
folie, et qui toutes exprimaient une des faces du
grand secret magique, comme nous le démontrerons plus tard. Cette absence d'épopées dure jusqu'à notre roman de la *Rose;* mais le symbole de
la rose, qui exprime aussi le sens mystérieux et
magique du poëme du Dante, est emprunté à la
haute cabale, et il est temps que nous abordions
cette source immense et cachée de la philosophie
universelle.

La Bible, avec toutes les allégories qu'elle renferme, n'exprime que d'une manière incomplète et
voilée la science religieuse des Hébreux. Le livre
dont nous avons parlé, et dont nous expliquerons
les caractères hiératiques, ce livre que Guillaume
Postel nomme la *Genèse* d'Hénoch, existait certainement avant Moïse et les prophètes, dont le
dogme, identique pour le fond avec celui des anciens

Égyptiens, avait aussi son exotérisme et ses voiles.
Lorsque Moïse parlait au peuple, dit allégoriquement le livre sacré, il mettait un voile sur son
visage, et il ôtait ce voile pour parler à Dieu : telle
est la cause de ces prétendues absurdités de la
Bible, qui ont tant exercé la verve satirique de
Voltaire. Les livres n'étaient écrits que pour rappeler la tradition, et on les écrivait en symboles
inintelligibles pour les profanes. Le *Pentateuque* et
les poésies des prophètes n'étaient d'ailleurs que
des livres élémentaires, soit de dogme, soit de morale, soit de liturgie : la vraie philosophie secrète
et traditionnelle ne fut écrite que plus tard, sous
des voiles moins transparents encore. Et c'est ainsi
que prit naissance une seconde Bible inconnue,
ou plutôt incomprise des chrétiens; un recueil,
disent-ils, de monstrueuses absurdités (et ici les
croyants, confondus dans une même ignorance,
parlent comme les incrédules); un monument,
disons-nous, qui rassemble tout ce que le génie philosophique et le génie religieux ont jamais pu faire
ou imaginer de sublime; trésor environné d'épines,
diamant caché dans une pierre brute et obscure :
nos lecteurs auront déjà deviné que nous voulons
parler du Talmud.

Étrange destinée que celle des Juifs! les boucs-
émissaires, les martyrs et les sauveurs du monde!
famille vivace, race courageuse et dure, que les
persécutions ont toujours conservée intacte, parce
qu'elle n'a pas encore accompli sa mission! Nos
traditions apostoliques ne disent-elles pas qu'après
le déclin de la foi chez les Gentils, le salut doit
venir encore de la maison de Jacob, et qu'alors le
Juif crucifié qu'ont adoré les chrétiens remettra
l'empire du monde entre les mains de Dieu son
père?

On est saisi d'admiration, lorsqu'on pénètre
dans le sanctuaire de la cabale, à la vue d'un
dogme si logique, si simple et en même temps si
absolu. L'union nécessaire des idées et des signes;
la consécration des réalités les plus fondamentales
par les caractères primitifs; la trinité des mots,
des lettres et des nombres; une philosophie simple
comme l'alphabet, profonde et infinie comme le
Verbe; des théorèmes plus complets et plus lumineux que ceux de Pythagore; une théologie qu'on
résume en comptant par ses doigts; un infini qu'on
peut faire tenir dans le creux de la main d'un enfant; dix chiffres et vingt-deux lettres, un triangle,
un carré et un cercle : voilà tous les éléments de

la cabale. Ce sont les principes élémentaires du
Verbe écrit, reflet de ce Verbe parlé qui a créé le
monde !

Toutes les religions vraiment dogmatiques sont
sorties de la cabale et y retournent; tout ce qu'il
y a de scientifique et de grandiose dans les rêves
religieux de tous les illuminés, Jacob Bœhme, Swedenborg, Saint-Martin, etc., est emprunté à la
cabale; toutes les associations maçonniques lui
doivent leurs secrets et leurs symboles. La cabale
consacre seule l'alliance de la raison universelle et
du Verbe divin ; elle établit, par les contre-poids
de deux forces opposées en apparence, la balance
éternelle de l'être ; elle concilie seule la raison avec
la foi, le pouvoir avec la liberté, la science avec
le mystère : elle a les clefs du présent, du passé et
de l'avenir !

Pour s'initier à la cabale, il ne suffit pas de lire
et de méditer les écrits de Reuchlin, de Galatinus,
de Kircher ou de Pic de la Mirandole; il faut encore étudier et comprendre les écrivains hébreux
de la collection de Pistorius, le Sepher Jezirah
surtout, puis la philosophie d'amour de Léon
l'Hébreu. Il faut aussi aborder le grand livre de
Sohar, lire attentivement, dans la collection de

1684 intitulée *Cabbala denudata*, le traité de la pneumatique cabalistique et celui de la révolution des âmes; puis entrer hardiment et courageusement dans les lumineuses ténèbres de tout le corps dogmatique et allégorique du Talmud. Alors on pourra comprendre Guillaume Postel, et s'avouer tout bas qu'à part ses rêves bien prématurés et trop généreux d'émancipation de la femme, ce célèbre et savant illuminé pouvait n'être pas aussi fou que le prétendent ceux qui ne l'ont pas lu.

Nous venons d'esquisser rapidement l'histoire de la philosophie occulte, nous en avons indiqué les sources et analysé en peu de mots les principaux livres. Ce travail ne se rapporte qu'à la science; mais la magie, ou plutôt la puissance magique, se compose de deux choses : une science et une force. Sans la force, la science n'est rien, ou plutôt elle est un danger. Ne donner la science qu'à la force, telle est la loi suprême des initiations. Aussi le grand révélateur a-t-il dit: Le royaume de Dieu souffre violence et ce sont les violents qui le ravissent. La porte de la vérité est fermée comme le sanctuaire d'une vierge; il faut être un homme pour entrer. Tous les miracles sont promis à la foi; mais qu'est-ce que la foi, sinon l'audace d'une volonté qui n'hésite pas dans les ténèbres, et qui marche vers la lumière à travers toutes les épreuves et en surmontant tous les obstacles !

Nous n'avons pas à répéter ici l'histoire des anciennes initiations ; plus elles étaient dangereuses et terribles, plus elles avaient d'efficacité : aussi le monde, alors, avait-il des hommes pour le gouverner et pour l'instruire. L'art sacerdotal et l'art royal consistaient surtout dans les épreuves du courage, de la discrétion et de la volonté. C'était un noviciat semblable à celui de ces prêtres si impopulaires de nos jours sous le nom de Jésuites, et qui gouverneraient encore le monde s'ils avaient une tête vraiment sage et intelligente.

Après avoir passé notre vie à la recherche de l'absolu en religion, en science et en justice ; après avoir tourné dans le cercle de Faust, nous sommes arrivés au premier dogme et au premier livre de l'humanité. Là nous nous arrêtons, là nous avons trouvé le secret de la toute-puissance humaine et du progrès indéfini, la clef de tous les symbolismes, le premier et le dernier de tous les dogmes. Et nous avons compris ce que veut dire ce mot si souvent répété dans l'Évangile : le royaume de Dieu.

Donner un point fixe pour appui à l'activité humaine, c'est résoudre le problème d'Archimède, en réalisant l'emploi de son fameux levier. C'est ce que firent les grands initiateurs qui donnèrent des secousses au monde, et ils ne purent le faire qu'au moyen du grand et incommunicable secret. Pour garantie, d'ailleurs, de sa nouvelle jeunesse, le phénix symbolique ne reparaissait jamais aux yeux du monde sans avoir consumé solennellement les dépouilles et les preuves de sa vie antérieure. C'est ainsi que Moïse fait mourir dans le désert tous ceux qui avaient pu connaître l'Égypte et ses mystères; c'est ainsi que saint Paul, à Éphèse, brûle tous les livres qui traitaient des sciences occultes; c'est ainsi, enfin, que la Révolution française, fille du grand Orient Johannite et de la cendre des Templiers, spolie les églises et blasphème les allégories du culte divin. Mais tous les dogmes et toutes les renaissances proscrivent la magie et en vouent les mystères au feu ou à l'oubli. C'est que tout culte ou toute philosophie qui vient au monde est un Benjamin de l'humanité qui ne peut vivre qu'en donnant la mort à sa mère; c'est que le serpent symbolique tourne toujours en dévorant sa queue; c'est qu'il faut, pour raison d'être, à toute pléni-

tude un vide, à toute grandeur un espace, à toute
affirmation une négation; c'est la réalisation éternelle de l'allégorie du phénix.

Deux savants illustres m'ont déjà précédé dans
la voie où je marche, mais ils y ont passé pour
ainsi dire la nuit et sans lumière. Je veux parler
de Volney et de Dupuis, de Dupuis surtout, dont
l'immense érudition n'a pu produire qu'une œuvre
négative. Il n'a vu dans l'origine de tous les cultes
que l'astronomie, prenant ainsi le Cycle symbolique
pour le dogme, et le calendrier pour la légende.
Une seule connaissance lui a manqué, celle de la
véritable magie, qui renferme les secrets de la
cabale. Dupuis a passé dans les antiques sanctuaires
comme le prophète Ezéchiel dans la plaine cou-
verte d'ossements, et il n'a compris que la mort,
faute de savoir le mot qui rassemble la vertu des
quatre vents du ciel, et qui peut faire un peuple
vivant de tout cet immense ossuaire, en criant aux
anciens symboles : Levez-vous! revêtez une nouvelle forme et marchez!

Ce que personne donc n'a pu ou n'a osé faire
avant nous, le temps est venu où nous aurons l'audace de l'essayer. Nous voulons comme Julien rebà-
tir le temple, et nous ne croyons pas donner en

cela un démenti à une sagesse que nous adorons, et que Julien lui-même eût été digne d'adorer, si les docteurs haineux et fanatiques de son temps lui eussent permis de la comprendre. Le temple pour nous a deux colonnes, sur l'une desquelles le christianisme a écrit son nom. Nous ne voulons donc pas attaquer le christianisme; loin de là, nous voulons l'expliquer et l'accomplir. L'intelligence et la volonté ont alternativement exercé le pouvoir dans le monde ; la religion et la philosophie luttent encore de nos jours, et doivent finir par s'accorder. Le christianisme a eu pour but provisoire d'établir, par l'obéissance et la foi, une égalité surnaturelle ou religieuse entre les hommes, et d'immobiliser l'intelligence par la foi, afin de donner un point d'appui à la vertu qui venait détruire l'aristocratie de la science, ou plutôt remplacer cette aristocratie déjà détruite. La philosophie, au contraire, a travaillé pour faire revenir les hommes par la liberté et la raison à l'inégalité naturelle, et pour substituer, en fondant le règne de l'industrie, le savoir-faire à la vertu. Aucune de ces deux actions n'a été complète et suffisante, aucune n'a conduit les hommes à la perfection et au bonheur. Ce qu'on rêve maintenant sans oser presque l'espérer, c'est une alliance entre ces deux forces longtemps regardées comme contraires, et cette alliance on a raison de la désirer : car les deux grandes puissances de l'âme humaine ne sont pas plus opposées l'une à l'autre que le sexe de l'homme n'est opposé à celui de la femme ; sans doute elles sont différentes, mais leurs dispositions contraires en apparence ne viennent que de leur aptitude à se rencontrer et à s'unir.

— Il ne s'agit donc de rien moins que d'une solution universelle à tous les problèmes?

Sans doute, puisqu'il s'agit d'expliquer la pierre philosophale, le mouvement perpétuel, le secret du grand œuvre et la médecine universelle. On nous taxera de folie comme le divin Paracelse, ou de charlatanisme comme le grand et infortuné Agrippa. Si le bûcher d'Urbain Grandier est éteint, il reste les sourdes proscriptions du silence ou de la calomnie. Nous ne les bravons pas, mais nous y sommes résigné. Nous n'avons pas cherché par nous-même la publication de cette œuvre, et nous croyons que, si le temps est venu de produire la parole, elle se produira d'elle-même, par nous ou par d'autres. Nous resterons donc calme, et nous **attendrons.**

Notre ouvrage a deux parties : dans l'une, nous établissons le dogme cabalistique et magique dans son entier, l'autre est consacrée au culte. c'est-à-dire à la magie cérémonielle. L'une est ce que les anciens sages appelaient la clavicule ; l'autre, ce que les gens de la campagne appellent encore le grimoire. Le nombre et le sujet des chapitres, qui se correspondent dans les deux parties, n'ont rien d'arbitraire, et se trouvaient tout indiqués dans la grande clavicule universelle dont nous donnons pour la première fois une explication complète et satisfaisante. Que cette œuvre maintenant aille où elle voudra et devienne ce que la Providence voudra : elle est faite, et nous la croyons durable, parce qu'elle est forte comme tout ce qui est raisonnable et consciencieux.

ELIPHAS LÉVI.

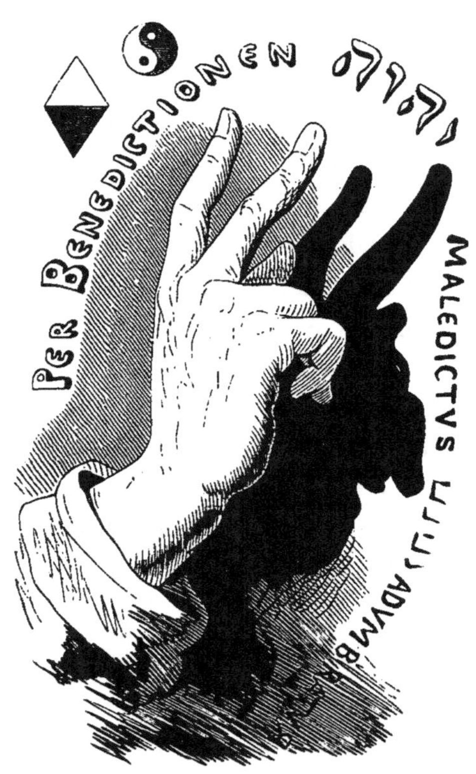

PER BENEDICTIONEM
MALEDICTVS ADVMBR
יהוה

DOGME

DE

LA HAUTE MAGIE

◆◇◆◇◆

1 ℵ A

LE RÉCIPIENDAIRE.

DISCIPLINA.

ENSOPH.

KETER.

Lorsqu'un philosophe a pris pour base d'une nouvelle révélation de la sagesse humaine ce raisonnement : Je pense, donc j'existe, il a changé en quelque sorte et à son insu, suivant la révélation chrétienne, la notion antique de l'Être suprême. Moïse fait dire à l'Être des êtres : Je suis celui qui suis. Descartes fait dire à l'homme : Je suis celui qui pense, et, comme penser c'est parler intérieurement, l'homme de Descartes peut dire comme le Dieu de saint Jean l'Évangéliste : Je suis celui en qui est et par qui se manifeste le verbe, *In principio erat verbum.*

Qu'est-ce qu'un principe? C'est une base de la parole, c'est une raison d'être du verbe. L'essence du verbe est dans le principe : le principe c'est ce qui est ; l'intelligence, c'est un principe qui parle.

Qu'est-ce que la lumière intellectuelle ? C'est la parole. Qu'est-ce que la révélation ? C'est la parole ; l'être est le principe, la parole est le moyen, et la plénitude ou le développement et la perfection de l'être, c'est la fin : parler, c'est créer.

Mais dire : Je pense, donc j'existe, c'est conclure de la conséquence au principe, et de récentes contradictions soulevées par un grand écrivain (1) ont prouvé suffisamment l'imperfection philosophique de cette méthode. Je suis, donc il existe quelque chose, nous semblerait être une base plus primitive et plus simple de la philosophie expérimentale.

Je suis, donc l'être existe.

Ego sum qui sum : voilà la révélation première de Dieu dans l'homme et de l'homme dans le monde, et c'est aussi le premier axiome de la philosophie occulte.

אהיה אשד אהיה
L'être est l'être.

(1) Lamennais.

Cette philosophie a donc pour principe ce qui est, et n'a rien d'hypothétique ni de hasardé.

Mercure Trismégiste commence son admirable symbole connu sous le nom de table d'émeraude par cette triple affirmation : Il est vrai, il est certain sans erreur, il est de toute vérité. Ainsi le vrai confirmé par l'expérience en physique, la certitude dégagée de tout alliage d'erreur en philosophie, la vérité absolue indiquée par l'analogie dans le domaine de la religion ou de l'infini, telles sont les premières nécessités de la vraie science, et c'est ce que la magie seule peut accorder à ses adeptes.

Mais, avant toutes choses, qui es-tu, toi qui tiens ce livre entre tes mains et qui entreprends de le lire? ...

Sur le fronton d'un temple que l'antiquité avait dédié au Dieu de la lumière on lisait cette inscription en deux mots : Connais-toi.

J'ai le même conseil à donner à tout homme qui veut s'approcher de la science.

La magie, que les anciens appelaient le *sanctum regnum*, le saint royaume ou le royaume de Dieu, *regnum Dei*, n'est faite que pour les rois et pour les prêtres : êtes-vous prêtres, êtes-vous rois ? Le sacerdoce de la magie n'est pas un sacerdoce vulgaire, et sa royauté n'a rien à débattre avec les princes de ce monde. Les rois de la science sont les prêtres de la vérité, et leur règne reste caché pour la multitude, comme leurs sacrifices et leurs prières. Les rois de la science, ce sont les hommes qui connaissent la vérité et que la vérité a rendus libres selon la promesse formelle du plus puissant des initiateurs.

L'homme qui est esclave de ses passions ou des préjugés de ce monde ne saurait être initié, il ne parviendra jamais, tant qu'il ne se réformera pas ; il ne saurait donc être un adepte, car le mot *adepte* signifie celui qui est parvenu par sa volonté et par ses œuvres.

L'homme qui aime ses idées et qui a peur de les perdre, celui qui redoute les vérités nouvelles et qui n'est pas disposé à douter de tout plutôt que d'admettre quelque chose au hasard, celui-là doit refermer ce livre, qui est inutile et dangereux pour lui : il le comprendrait mal et en serait troublé, mais il le serait bien davantage encore si par hasard il le comprenait bien.

Si vous tenez à quelque chose au monde plus qu'à la raison, à la vérité et à la justice ; si votre volonté est incertaine et chancelante, soit dans le

bien, soit dans le mal; si la logique vous effraye,
si la vérité nue vous fait rougir ; si on vous blesse
en touchant les erreurs reçues, condamnez tout
d'abord ce livre, et faites, en ne le lisant pas,
comme s'il n'existait pas pour vous, mais ne le
décriez pas comme dangereux : les secrets qu'il
révèle seront compris d'un petit nombre, et ceux
qui les comprendront ne les révèleront pas. Montrer
la lumière aux oiseaux de nuit, c'est la leur cacher,
puisqu'elle les aveugle et devient pour eux plus
obscure que les ténèbres. Je parlerai donc clairement, je dirai tout, et j'ai la ferme confiance que
les initiés seuls, ou ceux qui sont dignes de l'être,
liront tout et comprendront quelque chose.

Il y a une vrai et une fausse science, une magie
divine et une magie infernale, c'est-à-dire men-
songère et ténébreuse : nous avons à révéler l'une
et à dévoiler l'autre ; nous avons à distinguer le
magicien du sorcier et l'adepte du charlatan.

Le magicien dispose d'une force qu'il connaît,
le sorcier s'efforce d'abuser de ce qu'il ignore.

Le diable, s'il est permis dans un livre de
science d'employer ce mot décrié et vulgaire, le
diable se donne au magicien et le sorcier se donne
au diable.

Le magicien est le souverain pontife de la nature, le sorcier n'en est que le profanateur.

Le sorcier est au magicien ce que le superstitieux et le fanatique sont à l'homme véritablement religieux.

Avant d'aller plus loin, définissons nettement la magie.

La magie est la science traditionnelle des secrets de la nature, qui nous vient des mages.

Au moyen de cette science, l'adepte se trouve investi d'une sorte de toute-puissance relative et peut agir surhumainement, c'est-à-dire d'une manière qui passe la portée commune des hommes.

C'est ainsi que plusieurs adeptes célèbres, tels que Mercure Trismégiste, Osiris, Orphée, Apollonius de Thyanes, et d'autres qu'il pourrait être dangereux ou inconvenant de nommer, ont pu être adorés ou invoqués après leur mort comme des dieux. C'est ainsi que d'autres, suivant le flux et le reflux de l'opinion, qui fait les caprices du succès, sont devenus des suppôts de l'enfer ou des aventuriers suspects, comme l'empereur Julien, Apulée, l'enchanteur Merlin, et l'archisorcier, comme on l'appelait de son temps, l'illustre et malheureux Cornélius Agrippa.

Pour parvenir au *sanctum regnum*, c'est-à-dire à la science et à la puissance des mages, quatre choses sont indispensables : une intelligence éclairée par l'étude, une audace que rien n'arrête, une volonté que rien ne brise et une discrétion que rien ne puisse corrompre ou enivrer.

Savoir, oser, vouloir, se taire, voilà les quatre verbes du mage qui sont écrits dans les quatre formes symboliques du sphinx. Ces quatre verbes peuvent se combiner ensemble de quatre manières et s'expliquent quatre fois les uns par les autres (1).

A la première page du livre d'Hermès; l'adepte est représenté couvert d'un vaste chapeau qui, en se rabattant, peut lui cacher toute la tête. Il tient une main élevée vers le ciel, auquel il semble commander avec sa baguette, et l'autre main sur sa poitrine; il a devant lui les principaux symboles ou instruments de la science, et il en cache d'autres dans une gibecière d'escamoteur. Son corps et ses bras forment la lettre Aleph, la première de l'alphabet, que les Hébreux ont empruntée aux Egyptiens; mais nous aurons lieu plus tard de revenir sur ce symbole.

(1) Voir le jeu du Taro.

Le mage est véritablement ce que les cabalistes hébreux appellent le *microprosope*, c'est-à-dire le créateur du petit monde. La première science magique étant la connaissance de soi-même, la première aussi de toutes les œuvres de la science, celle qui renferme toutes les autres et qui est le principe du grand œuvre, c'est la *création* de soi-même : ce mot a besoin d'être expliqué.

La raison suprême étant le seul principe invariable, et par conséquent impérissable, puisque le changement est ce que nous appelons la mort, l'intelligence, qui adhère fortement et s'identifie en quelque manière à ce principe, se rend par là même invariable, et par conséquent immortelle. On comprend que, pour adhérer invariablement à la raison, il faut s'être rendu indépendant de toutes les forces qui produisent par le mouvement fatal et nécessaire les alternatives de la vie et de la mort. Savoir souffrir, s'abstenir et mourir, tels sont donc les premiers secrets qui nous mettent au-dessus de la douleur, des convoitises sensuelles et de la peur du néant. L'homme qui cherche et trouve une glorieuse mort a foi dans l'immortalité, et l'humanité tout entière y croit avec lui et pour lui, car elle lui élève des autels ou des statues en signe de vie immortelle.

L'homme ne devient roi des animaux qu'en les domptant ou en les apprivoisant, autrement il en serait la victime ou l'esclave. Les animaux sont la figure de nos passions, ce sont les forces instinctives de la nature.

Le monde est un champ de bataille que la liberté dispute à la force d'inertie en lui opposant la force active. Les lois physiques sont des meules dont tu seras le grain, si tu n'en sais pas être le meunier.

Tu es appelé à être le roi de l'air, de l'eau, de la terre et du feu; mais, pour régner sur ces quatre animaux du symbolisme, il faut les vaincre et les enchaîner.

Celui qui aspire à être un sage et à savoir la grande énigme de la nature doit être l'héritier et le spoliateur du sphinx; il doit en avoir la tête humaine pour posséder la parole, les ailes d'aigle pour conquérir les hauteurs, les flancs de taureau pour labourer les profondeurs, et les griffes de lion pour se faire place à droite et à gauche, en avant et en arrière.

Toi donc qui veux être initié, es-tu savant comme Faust? Es-tu impassible comme Job? Non, n'est-ce pas? Mais tu peux l'être si tu veux. As-tu vaincu les tourbillons des pensées vagues? Es-tu sans indécision et sans caprices? N'acceptes-tu le plaisir que quand tu le veux, et ne le veux-tu que quand tu le dois? Non, n'est-ce pas? il n'en est pas toujours ainsi? Mais cela peut être si tu le veux.

Le sphinx n'a pas seulement une tête d'homme, il a aussi des mamelles de femme; sais-tu résister aux attraits de la femme? Non, n'est-ce pas? et ici tu ris en répondant, et tu te vantes de ta faiblesse morale pour glorifier en toi la force vitale et matérielle. Soit, je te permets de rendre cet hommage à l'âne de Sterne ou d'Apulée; que l'âne ait son mérite, je n'en disconviens pas, il était consacré à Priape comme le bouc au dieu de Mendès. Mais laissons-le pour ce qu'il est, et sachons seulement s'il est ton maître ou si tu peux être le sien. Celui-là seul peut vraiment posséder la volupté de l'amour qui a vaincu l'amour de la volupté. Pouvoir user et s'abstenir, c'est pouvoir deux fois. La femme t'enchaîne par tes desirs : sois maître de tes désirs, et tu enchaîneras la femme.

La plus grande injure qu'on puisse faire à un homme, c'est de l'appeler lâche. Or qu'est-ce donc qu'un lâche?

Un lâche c'est celui qui néglige le soin de sa dignité morale pour obéir aveuglément aux instincts de la nature.

En présence du danger, en effet, il est naturel d'avoir peur et de chercher à fuir : pourquoi donc est-ce une honte ? Parce que l'honneur nous fait une loi de préférer notre devoir à nos attractions ou à nos craintes. Qu'est-ce, à ce point de vue, que l'honneur ? C'est le pressentiment universel de l'immortalité et l'estime des moyens qui peuvent y conduire. La dernière victoire que l'homme puisse remporter sur la mort, c'est de triompher du goût de la vie, non par le désespoir, mais par une plus haute espérance, qui est renfermée dans la foi, pour tout ce qui est beau et honnête, du consentement de tout le monde.

Apprendre à se vaincre, c'est donc apprendre à vivre, et les austérités du stoïcisme n'étaient pas une vaine ostentation de liberté !

Céder aux forces de la nature, c'est suivre le courant de la vie collective, c'est être esclave des causes secondes.

Résister à la nature et la dompter, c'est se faire une vie personnelle et impérissable, c'est s'affranchir des vicissitudes de la vie et de la mort.

Tout homme qui est prêt à mourir plutôt qu'à abjurer la vérité et la justice est véritablement vivant, car il est immortel dans son âme.

Toutes les initiations antiques avaient pour but de trouver ou de former de pareils hommes.

Pythagore exerçait ses disciples par le silence et les abstinences de toutes sortes; en Egypte, on éprouvait les récipiendaires par les quatre éléments; dans l'Inde, on sait à quelles prodigieuses austérités se condamnaient les faquirs et les brames, pour parvenir au royaume de la libre volonté et de l'indépendance divine.

Toutes les macérations de l'ascétisme sont empruntées aux initiations des anciens mystères, et elles ont cessé parce que, les initiables ne trouvant plus d'initiateurs, et les directeurs des consciences étant devenus à la longue aussi ignorants que le vulgaire, les aveugles se sont lassés de suivre des aveugles, et personne n'a voulu subir des épreuves qui ne conduisaient plus qu'au doute et au désespoir : le chemin de la lumière était perdu.

Pour faire quelque chose, il faut savoir ce qu'on veut faire ou du moins avoir foi en quelqu'un qui le sait. Mais comment risquerais-je ma vie à l'aventure et suivrais-je au hasard celui qui ne sait pas lui-même où il va?

Dans la voie des hautes sciences, il ne faut pas s'engager témérairement, mais, une fois en marche, il faut arriver ou périr. Douter, c'est devenir fou ; s'arrêter, c'est tomber ; reculer, c'est se précipiter dans un gouffre.

Toi donc qui as commencé la lecture de ce livre, si tu le comprends et si tu veux le lire jusqu'à la fin, il fera de toi un monarque on un insensé. Quant à toi, fais du volume ce que tu voudras, tu ne pourras ni le mépriser ni l'oublier. Si tu es pur, ce livre sera pour toi une lumière ; si tu es fort, il sera ton arme ; si tu es saint, il sera ta religion ; si tu es sage, il réglera ta sagesse.

Mais, si tu es méchant, ce livre sera pour toi comme une torche infernale ; il fouillera ta poitrine en la déchirant comme un poignard ; il restera dans ta mémoire comme un remords ; il te remplira l'imagination de chimères, et il te conduira par la folie au désespoir. Tu voudras en rire, et tu ne sauras que grincer les dents, car ce livre est pour toi comme cette lime de la fable qu'un serpent essaya de ronger, et qui lui usa toutes les **dents.**

Commençons maintenant la série des initiations.

J'ai dit que la révélation, c'est le verbe. Le verbe, en effet, ou la parole, est le voile de l'être et le signe caractéristique de la vie. Toute forme est le voile d'un verbe, parce que l'idée mère du verbe est l'unique raison d'être des formes. Toute figure est un caractère, tout caractère appartient et retourne à un verbe. C'est pourquoi les anciens sages, dont Trismégiste est l'organe, ont-ils formulé leur dogme unique en ces termes :

Ce qui est au-dessus est comme ce qui est au-dessous, et ce qui est au-dessous est comme ce qui est au-dessus.

En d'autres termes, la forme est proportionnelle à l'idée, l'ombre est la mesure du corps calculée avec sa relation au rayon lumineux. Le fourreau est aussi profond que l'épée est longue, la négation est proportionnelle à l'affirmation contraire, la production est égale à la destruction dans le mouvement qui conserve la vie, et il n'y a pas un point dans l'espace infini qui ne soit le centre d'un cercle dont la circonférence s'agrandit et recule indéfiniment dans l'espace.

Toute individualité est donc indéfiniment perfectible, puisque le moral est analogique à l'ordre physique, et puisqu'on ne saurait concevoir un point qui ne puisse se dilater, s'agrandir et jeter des rayons dans un cercle philosophiquement infini.

Ce qu'on peut dire de l'âme entière, on doit le dire de chaque faculté de l'âme.

L'intelligence et la volonté de l'homme sont des instruments d'une portée et d'une force incalculables.

Mais l'intelligence et la volonté ont pour auxiliaire et pour instrument une faculté trop peu connue et dont la toute-puissance appartient exclusivement au domaine de la magie : je veux parler de l'imagination, que les cabalistes appellent le *diaphane* ou le *translucide*.

L'imagination, en effet, est comme l'œil de l'âme, et c'est en elle que se dessinent et se conservent les formes, c'est par elle que nous voyons les reflets du monde invisible, elle est le miroir des visions et l'appareil de la vie magique : c'est par elle que nous guérissons les maladies, que nous influençons les saisons, que nous écartons la mort des vivants et que nous ressuscitons les morts, parce que c'est elle qui exalte la volonté et qui lui donne prise sur l'agent universel.

L'imagination détermine la forme de l'enfant

dans le sein de la mère et fixe la destinée des hommes ; elle donne des ailes à la contagion et dirige les armes à la guerre. Êtes-vous en danger dans une bataille? croyez-vous invulnérables comme Achille, et vous le serez dit Paracelse. La peur attire les balles, et le courage fait rebrousser chemin aux boulets. On sait que les amputés se plaignent souvent des membres qu'ils n'ont plus. Paracelse opérait sur le sang vivant en médicamentant le résultat d'une saignée ; il guérissait les maux de tête à distance en opérant sur des cheveux coupés ; il avait devancé de beaucoup, par la science de l'unité imaginaire et de la solidarité du tout et des parties, toutes les théories ou plutôt toutes les expériences de nos plus célèbres magnétiseurs. Aussi ses cures étaient-elles miraculeuses, et a-t-il mérité qu'on ajoutât à son nom de Philippe Théophraste Bombast celui d'Auréole Paracelse, en y ajoutant encore l'épithète de divin !

L'imagination est l'instrument de *l'adaptation du verbe*.

L'imagination appliquée à la raison, c'est le génie.

La raison est une, comme le génie est un dans la multiplicité de ses œuvres.

Il y a un principe, il y a une vérité, il y a une raison, il y a une philosophie absolue et universelle.

Ce qui est est dans l'unité considérée comme principe, et retourne à l'unité considérée comme fin.

Un est dans un, c'est-à-dire tout est dans tout.

L'unité est le principe des nombres, c'est aussi le principe du mouvement, et par conséquent de la vie.

Tout le corps humain se résume dans l'unité d'un seul organe, qui est le cerveau.

Toutes les religions se résument dans l'unité d'un seul dogme, qui est l'affirmation de l'être et de son égalité à lui-même, qui constitue sa valeur mathématique.

Il n'y a qu'un dogme en magie, et le voici : le visible est la manifestation de l'invisible, ou, en d'autres termes, le verbe parfait est, dans les choses appréciables et visibles, en proportion exacte avec les choses inappréciables à nos sens et invisibles à nos yeux.

Le mage élève une main vers le ciel et abaisse l'autre vers la terre, et il dit : Là haut l'immensité ! là bas l'immensité encore ; l'immensité égale l'immensité. Ceci est vrai dans les choses visibles, comme dans les choses invisibles.

La première lettre de l'alphabet de la langue sainte, Aleph א, représente un homme qui élève une main vers le ciel, et abaisse l'autre vers la terre.

C'est l'expression du principe actif de toute chose, c'est la création dans le ciel, correspondant à la toute-puissance du verbe ici-bas. Cette lettre à elle seule est un pantacle, c'est-à-dire un caractère exprimant la science universelle.

La lettre א peut suppléer aux signes sacrés du macrocosme et du microcosme, elle explique le double triangle maçonnique et l'étoile brillante aux cinq pointes : car le verbe est un et la révélation est une. Dieu, en donnant à l'homme la raison, lui a donné la parole; et la révélation, multiple dans ses formes, mais une dans son principe, est tout entière dans le verbe universel, interprète de la raison absolue.

C'est ce que veut dire le mot si mal compris de *catholicisme*, qui, en langue hiératique moderne, signifie *infaillibilité*.

L'universel en raison, c'est l'absolu, et l'absolu, c'est l'infaillible.

Si la raison absolue conduit la société tout entière à croire irrésistiblement à la parole d'un enfant, cet enfant sera infaillible, de par Dieu et de par l'humanité tout entière.

La foi n'est autre chose que la confiance raisonnable dans cette unité de la raison et dans cette universalité du verbe.

Croire, c'est acquiescer à ce qu'on ne sait pas encore, mais à ce que la raison nous rend sûrs d'avance de savoir, ou du moins de reconnaître un jour.

Absurdes donc sont les prétendus philosophes qui disent : Je ne croirai pas ce que je ne sais pas.

Pauvres gens ! si vous saviez, est-ce que vous auriez besoin de croire ?

Mais puis-je croire au hasard, et sans raison ? — Non certes ! La croyance aveugle et aventurée, c'est la superstition et la folie. Il faut croire aux causes dont la raison nous force d'admettre l'existence d'après le témoignage des effets connus et appréciés par la science.

La science ! grand mot et grand problème !

Qu'est-ce que la science ?

Nous répondrons à cette question dans le second chapitre de ce livre.

2 ב B.

LES COLONNES DU TEMPLE.

CHOCMAH.

DOMUS.

GNOSIS.

La science, c'est la possession absolue et complète de la vérité.

Aussi les sages de tous les siècles ont-ils tremblé devant ce mot absolu et terrible; ils ont craint de s'arroger le premier privilége de la divinité, en s'attribuant la science, et ils se sont contentés, au lieu du verbe *savoir*, de celui qui exprime la connaissance, et, au lieu du mot *science*, ils ont adopté celui de *gnose*, qui exprime seulement l'idée de connaissance par intuition.

Que sait l'homme, en effet? Rien, et pourtant il ne lui est pas permis de rien ignorer.

Il ne sait rien, et il est appelé à tout connaître.

Or la connaissance suppose le binaire. Il faut à l'être qui connaît un objet connu.

Le binaire est le générateur de la société et de la loi; c'est aussi le nombre de la gnose. Le binaire

est l'unité se multipliant d'elle-même pour créer ;
et c'est pour cela que les symboles sacrés font sortir Ève de la poitrine même d'Adam.

Adam, c'est le tétragramme humain, qui se
résume dans le jod mystérieux, image du phallus
cabalistique. Ajoutez à ce jod le nom ternaire
d'Ève, et vous formez le nom de Jéhova, le tétragramme divin, qui est le mot cabalistique et magique par excellence :

יהוה

que le grand-prêtre, dans le temple, prononçait
Jodchéva.

C'est ainsi que l'unité complète dans la fécondité
du ternaire forme, avec lui, le quaternaire, qui
est la clef de tous les nombres, de tous les mouvements et de toutes les formes.

Le carré, en tournant sur lui-même, produit le
cercle égal à lui-même, et c'est la quadrature du
cercle que le mouvement circulaire de quatre
angles égaux tournant autour d'un même point.

Ce qui est en haut, dit Hermès, égale ce qui est
en bas : voilà le binaire servant de mesure à l'unité ;
et la relation d'égalité entre le haut et le bas, voilà

Le principe créateur, c'est le phallus idéal; et le principe créé, c'est le cteïs formel.

L'insertion du phallus vertical dans le cteïs horizontal forme le stauros des gnostiques, ou la croix philosophique des maçons. Ainsi le croisement de deux produit quatre, qui, en se mouvant, déterminent le cercle avec tous ses degrés.

א, c'est l'homme; ב, c'est la femme; 1, c'est le principe; 2, c'est le verbe; A, c'est l'actif; B, c'est le passif; l'unité, c'est Bohas; et le binaire, c'est Jakin.

Dans les trigrammes de Fohi, l'unité, c'est le yang; et le binaire, c'est le yin.

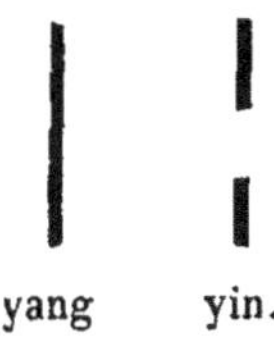

Bohas et Jakin sont les noms des deux colonnes symboliques qui étaient devant la porte principale du temple cabalistique de Salomon.

Ces deux colonnes expliquent en cabale tous les mystères de l'antagonisme, soit naturel, soit politique, soit religieux, et ils expliquent la lutte génératrice de l'homme et de la femme : car, selon la

loi de la nature, la femme doit résister à l'homme,
et lui, doit la charmer ou la soumettre.

Le principe actif cherche le principe passif, le
plein est amoureux du vide. La gueule du serpent
attire sa queue, et, en tournant sur lui-même, il
se fuit et il se poursuit.

La femme est la création de l'homme, et la création universelle est la femme du premier principe.

Quand l'être principe s'est fait créateur, il a
érigé un jod ou un phallus, et, pour lui faire
place dans le plein de la lumière incréée, il a dû
creuser un cteïs ou une fosse d'ombre égale à la
dimension déterminée par son désir créateur, et
attribuée par lui au jod idéal de la lumière rayonnante.

Tel est le langage mystérieux des cabalistes dans
le Talmud, et, à cause des ignorances et des mé-
chancetés du vulgaire, il nous est impossible de
l'expliquer ou de le simplifier davange.

Qu'est-ce donc que la création ? C'est la maison
du Verbe créateur. Qu'est-ce que le cteïs ? C'est
la maison du phallus.

Quelle est la nature du principe actif ? C'est de
répandre. Quelle est celle du principe passif ? C'est
de rassembler et de féconder.

Qu'est-ce que l'homme? C'est l'initiateur, celui qui brise, qui laboure et qui sème.

Qu'est-ce que la femme? C'est la formatrice, celle qui réunit, qui arrose et qui moissonne.

L'homme fait la guerre, et la femme procure la paix; l'homme détruit pour créer, la femme édifie pour conserver; l'homme c'est la révolution, la femme c'est la conciliation; l'homme est le père de Caïn, la femme est la mère d'Abel.

Qu'est-ce que la sagesse? C'est la conciliation et l'union des deux principes, c'est la douceur d'Abel dirigeant l'énergie de Caïn, c'est l'homme suivant les douces inspirations de la femme, c'est la débauche vaincue par le légitime mariage, c'est l'énergie révolutionnaire adoucie et domptée par les douceurs de l'ordre et de la paix, c'est l'orgueil soumis à l'amour, c'est la science reconnaissant les inspirations de la foi.

Alors la science humaine devient sage, parce qu'elle est modeste, et se soumet à l'infaillibilité de la raison universelle, enseignée par l'amour ou par la charité universelle. Elle peut alors prendre le nom de gnose, parce qu'elle connaît du moins ce qu'elle ne peut encore se vanter de parfaitement savoir.

L'unité ne peut se manifester que par le binaire ; l'unité elle-même et l'idée de l'unité font déjà deux.

L'unité du macrocosme se révèle par les deux points opposés des deux triangles :

L'unité humaine se complète par la droite et la gauche. L'homme primitif est androgyne. Tous les organes du corps humain sont disposés par deux, excepté le nez, la langue, l'ombilic et le jod cabalistique.

La divinité, une dans son essence, a deux conditions essentielles pour bases fondamentales de son être : la nécessité et la liberté.

Les lois de la raison suprême nécessitent en Dieu

et règlent la liberté, qui est nécessairement raisonnable et sage.

Pour rendre la lumière visible, Dieu a seulement supposé l'ombre.

Pour manifester la vérité, il a rendu le doute possible.

L'ombre est le repoussoir de la lumière, et la possibilité de l'erreur est nécessaire pour la manifestation temporelle de la vérité.

Si le bouclier de Satan n'arrêtait la lance de Michaël, la puissance de l'ange se perdrait dans le vide ou devrait se manifester par une destruction infinie dirigée de haut en bas.

Et si le pied de Michaël ne retenait Satan dans son ascension, Satan irait détrôner Dieu, ou plutôt se perdre lui-même dans les abîmes de la hauteur.

Satan est donc nécessaire à Michaël comme le piédestal à la statue, et Michaël est nécessaire à Satan comme le frein à la locomotive.

En dynamique analogique et universelle, on ne s'appuie que sur ce qui résiste.

Aussi l'univers est-il balancé par deux forces qui le maintiennent en équilibre : la force qui attire et celle qui repousse. Ces deux forces existent en physique, en philosophie et en religion. Elles produisent en physique l'équilibre, en philosophie la critique, en religion la révélation progressive. Les anciens ont représenté ce mystère par la lutte d'Éros et d'Antéros, par le combat de Jacob avec l'ange, par l'équilibre de la montagne d'or que tiennent liée, avec le serpent symbolique de l'Inde, les dieux d'un côté et de l'autre les démons.

Il se trouve aussi figuré par le caducée d'Hermanubis, par les deux chérubins de l'arche, par les deux sphinx du chariot d'Osiris, par les deux Séraphins, le blanc et le noir.

Sa réalité scientifique est démontrée par les phénomènes de la polarité et par la loi universelle des sympathies ou des antipathies.

Les disciples inintelligents de Zoroastre ont divinisé le binaire sans le rapporter à l'unité, séparant ainsi les colonnes du temple, et voulant écarteler Dieu. Le binaire en Dieu n'existe que par le ternaire. Si vous concevez l'absolu comme deux, il faut immédiatement le concevoir comme trois, pour retrouver le principe unitaire.

C'est pour cela que les éléments matériels analogues aux éléments divins se conçoivent comme quatre, s'expliquent comme deux, et n'existent finalement que comme trois.

La révélation, c'est le binaire; tout verbe est double et suppose deux.

La morale qui résulte de la révélation est fondée sur l'antagonisme, qui est la conséquence du binaire. L'esprit et la forme s'attirent et se repoussent comme l'idée et le signe, comme la vérité et la fiction. La raison suprême nécessite le dogme en se communiquant aux intelligences finies, et le dogme, en passant du domaine des idées à celui des formes, se fait participant de deux mondes, et a nécessairement deux sens qui parlent successivement, ou à la fois, soit à l'esprit, soit à la chair.

Aussi dans le domaine moral y a-t-il deux forces : une qui attente, et l'autre qui réprime ou qui expie. Ces deux forces sont figurées dans les mythes de la *Genèse* par les personnages typiques de Caïn et d'Abel.

Abel opprime Caïn par sa supériorité morale ; Caïn, pour s'affranchir, immortalise son frère en le tuant, et devient la victime de son propre forfait. Caïn n'a pu laisser vivre Abel, et le sang d'Abel ne laisse plus dormir Caïn.

Dans l'Évangile, le type de Caïn est remplacé

par celui de l'Enfant prodigue, à qui son père
pardonne tout, parce qu'il revient après avoir beaucoup souffert.

En Dieu, il y a miséricorde et justice : il fait
justice aux justes et miséricorde aux pécheurs.

Dans l'âme du monde, qui est l'agent universel, il y a un courant d'amour et un courant de
colère.

Ce fluide ambiant et qui pénètre toute chose ; ce
rayon détaché de la gloire du soleil et fixé par le
poids de l'atmosphère et par la force d'attraction
centrale ; ce corps du Saint-Esprit, que nous
appelons l'agent universel, et que les anciens ont
représenté sous la figure du serpent qui se mord
la queue ; cet éther électrico-magnétique, ce calorique vital et lumineux, est figuré dans les anciens
monuments par la ceinture d'Isis, qui se tourne
et se retourne en nœud d'amour autour des deux
pôles, et par le serpent qui se mord la queue, emblème de la prudence et de Saturne.

Le mouvement et la vie consistent dans la ten-
sion extrême des deux forces.

Plût à Dieu, disait le Maître, que vous fussiez
tout froid où tout chaud !

En effet, un grand coupable est plus vivant

qu'un homme lâche et tiède, et son retour à la vertu sera en raison de l'énergie de ses égarements.

La femme qui doit écraser la tête du serpent, c'est l'intelligence, qui surmonte toujours le courant des forces aveugles. C'est, disent les cabalistes, la vierge de la mer, dont le dragon infernal vient lécher les pieds humides avec ses langues de feu qui s'endorment de volupté.

Tels sont les mystères hiératiques du binaire. Mais il en est un, le dernier de tous, qui ne doit pas être révélé : la raison en est, selon Hermès Trismégiste, dans l'inintelligence du vulgaire, qui donnerait aux nécessités de la science toute la portée immorale d'une aveugle fatalité. Il faut contenir le vulgaire, dit-il encore, par la frayeur de l'inconnu ; et le Christ disait aussi : Ne jetez pas vos perles devant les pourceaux, de peur qu'ils ne les foulent aux pieds, et que, se retournant contre vous, ils ne vous dévorent. L'arbre de la science du bien et du mal, dont les fruits donnent la mort, est l'image de ce secret hiératique du binaire. Ce secret, en effet, s'il est divulgué, ne peut être que mal compris, et l'on en conclut ordinairement à la négation impie du libre arbitre, qui est le principe moral de la vie. Il est donc dans l'essence des choses que la révélation de ce secret donne la mort, et ce n'est pourtant pas encore là le grand arcane de la magie ; mais le secret du binaire conduit à celui du quaternaire, ou plutôt il en procède et se résout par le ternaire, qui contient le mot de l'énigme du sphinx tel qu'il eût dû être trouvé pour sauver la vie, expier le crime involontaire. et assurer le royaume d'Œdipe.

Dans le livre hiéroglyphique d'Hermès (1), que l'on nomme aussi le livre de Thot, le binaire est représenté soit par une grande prêtresse ayant les cornes d'Isis, la tête voilée, un livre ouvert, qu'elle cache à demi sous son manteau ; ou par la femme souveraine, la déesse Junon des Grecs, tenant une main élevée vers le ciel et l'autre abaissée vers la terre, comme si elle formulait par ce geste le dogme unique et dualiste qui est la base de la magie et qui commence les merveilleux symboles de la table d'émeraude d'Hermès.

Dans l'*Apocalypse* de saint Jean, il est question de deux témoins ou martyrs auxquels la tradition prophétique donne les noms d'Élie et d'Hénoch : Élie, l'homme de la foi, du zèle et du miracle ; Hénoch.

(1) Voir le jeu du Taro.

le même que les Égyptiens ont appelé Hermès et
que les Phéniciens honoraient sous le nom de Cadmus, l'auteur de l'alphabet sacré et de la clef universelle des initiations au Verbe, le père de la
cabale, celui, disent les saintes allégories, qui n'est
pas mort comme les autres hommes, mais qui a été
enlevé au ciel pour revenir à la fin des temps. On
disait à peu près la même chose de saint Jean lui-
même, qui a retrouvé et expliqué dans son *Apocalypse* les symboles du Verbe d'Hénoch. Cette
résurrection de saint Jean et d'Hénoch, attendue à
la fin des siècles d'ignorance, sera le renouvelle-
ment de leur doctrine par l'intelligence des clefs
cabalistiques qui ouvrent le temple de l'unité et de
la philosophie universelle, trop longtemps occulte
et réservée seulement à des élus que le monde faisait mourir.

Mais nous avons dit que la reproduction de
l'unité par le binaire conduit forcément à la notion
et au dogme du ternaire, et nous arrivons enfin à
ce grand nombre, qui est la plénitude et le verbe
parfait de l'unité.

3 ∍ C.

LE TRIANGLE DE SALOMON.

PLENITUDO VOCIS

BINAH.

PHYSIS.

Le verbe parfait, c'est le ternaire, parce qu'il suppose un principe intelligent, un principe parlant et un principe parlé.

L'absolu, qui se révèle par la parole, donne à cette parole un sens égal à lui-même, et crée un troisième lui-même dans l'intelligence de cette parole.

C'est ainsi que le soleil se manifeste par sa lumière et prouve cette manifestation ou la rend efficace par sa chaleur.

Le ternaire est tracé dans l'espace par le point culminant du ciel, l'infini en hauteur, qui se rattache par deux lignes droites et divergentes à l'orient et à l'occident.

Mais à ce triangle visible la raison compare un autre triangle invisible, qu'elle affirme être égal au premier : c'est celui qui a pour sommet la profondeur, et dont la base renversée est parallèle

à la ligne horizontale qui va de l'orient à l'occident.

Ces deux triangles, réunis en une seule figure,
qui est celle d'une étoile à six rayons, forment le
signe sacré du sceau de Salomon, l'étoile brillante
du macrocosme (1).

L'idée de l'infini et de l'absolu est exprimée par
ce signe, qui est le grand pantacle, c'est-à-dire le
plus simple et le plus complet abrégé de la science
de toutes choses.

La grammaire elle-même attribue trois personnes au verbe.

La première est celle qui parle, la seconde celle
à qui l'on parle, la troisième celle de qui l'on
parle.

Le prince infini, en créant, parle de lui-même
à lui-même.

Voilà l'explication du ternaire et l'origine du
dogme de la Trinité.

Le dogme magique aussi est un en trois et trois
en un.

Ce qui est au-dessus ressemble ou est égal à ce
qui est au-dessous.

(1) Voir la figure page 70.

Ainsi deux choses qui se ressemblent et le verbe qui exprime leur ressemblance font trois.

Le ternaire est le dogme universel.

En magie, principe, réalisation, adaptation ; en alchimie, azoth, incorporation, transmutation ; en théologie, Dieu, incarnation, rédemption ; dans l'âme humaine, pensée, amour et action ; dans la famille, père, mère et enfant. Le ternaire est le but et l'expression suprême de l'amour : on ne se cherche à deux que pour devenir trois.

Il y a trois mondes intelligibles qui correspondent les uns avec les autres par l'analogie hiérarchique :

Le monde naturel ou physique, le monde spirituel ou métaphysique, et le monde divin ou religieux.

De ce principe résulte la hiérarchie des esprits divisés en trois ordres, et subdivisés dans ces trois ordres toujours par le ternaire.

Toutes ces révélations sont des déductions logiques des premières notions mathématiques de l'être et du nombre.

L'unité, pour devenir active, doit se multiplier. Un principe indivisible, immobile et infécond, serait l'unité morte et incompréhensible.

Si Dieu n'était qu'un, il ne serait jamais créateur ni père. S'il était deux, il y aurait antagonisme ou division dans l'infini, et ce serait le partage ou la mort de toute chose possible : il est donc trois pour créer de lui-même et à son image la multitude infinie des êtres et des nombres.

Ainsi il est réellement unique en lui-même et triple dans notre conception, ce qui nous le fait voir aussi triple en lui-même et unique dans notre intelligence et dans notre amour.

Ceci est un mystère pour le croyant et une nécessité logique pour l'initié aux sciences absolues et réelles.

Le Verbe manifesté par la vie, c'est la réalisation ou l'incarnation.

La vie du Verbe accomplissant son mouvement cyclique, c'est l'adaptation ou la rédemption. Ce triple dogme a été connu dans tous les sanctuaires éclairés par la tradition des sages. Voulez-vous savoir quelle est la vraie religion ? Cherchez celle qui réalise le plus dans l'ordre divin ; celle qui humanise Dieu et divinise l'homme ; celle qui conserve intact le dogme ternaire, qui incarne le Verbe en faisant voir et toucher Dieu aux plus ignorants ;

celle enfin dont la doctrine convient à tous et peut
s'adapter à tout ; la religion qui est hiérarchique
et cyclique, qui a pour les enfants des allégories
et des images, pour les hommes faits une haute
philosophie, de sublimes espérances, et de douces
consolations pour les vieillards.

Les premiers sages qui ont cherché la cause des
causes ont vu le bien et le mal dans le monde ; ils
ont observé l'ombre et la lumière ; ils ont comparé
l'hiver au printemps, la vieillesse à la jeunesse, la
vie à la mort, et ils ont dit : La cause première
est bienfaisante et rigoureuse, elle vivifie et elle
détruit.

— Il y a donc deux principes contraires, un
bon et un mauvais? se sont écriés les disciples de
Manès.

— Non, les deux principes de l'équilibre universel ne sont pas contraires, bien qu'ils soient opposés en apparence : car c'est une sagesse unique qui
les oppose l'un à l'autre.

Le bien est à droite, le mal est à gauche ; mais
la bonté suprême est au-dessus des deux, et elle
fait servir le mal au triomphe du bien, et le bien
à la réparation du mal.

Le principe d'harmonie est dans l'unité, et c'est

ce qui donne en magie tant de puissance au nombre impair.

Mais le plus parfait des nombres impairs, c'est trois, parce que c'est la trilogie de l'unité.

Dans les trigrammes de Fohi, le ternaire supérieur se compose de trois yang ou figures masculines, parce que, dans l'idée de Dieu considéré comme principe de la fécondité dans les trois mondes, on ne saurait rien admettre de passif.

C'est pour cela aussi que la trinité chrétienne n'admet point la personnification de la mère qui est implicitement énoncée dans celle du fils. — C'est pour cela aussi qu'il est contraire aux lois de la symbolique hiératique et orthodoxe de personnifier le Saint-Esprit sous la figure d'une femme.

La femme sort de l'homme comme la nature sort de Dieu : aussi le Christ s'élève lui-même au ciel et *assume* la Vierge mère; on dit l'ascension du Sauveur et l'assomption de la mère de Dieu.

Dieu, considéré comme père, a la nature pour fille.

Comme fils, il a la Vierge pour mère et l'Église pour épouse.

Comme Saint-Esprit, il régénère et féconde l'humanité.

C'est ainsi que, dans les trigrammes de Fohi, aux trois *yang* supérieurs correspondent les trois *yin* inférieurs, car les trigrammes de Fohi sont un pantacle semblable aux deux triangles de Salomon, mais avec une interprétation ternaire des six points de l'étoile brillante.

Le dogme n'est divin qu'en tant qu'il est vraiment humain, c'est-à-dire qu'il résume la plus haute raison. de l'humanité : aussi le Maître que nous appelons l'Homme-Dieu s'appelait-il lui-même le Fils de l'homme.

La révélation, c'est l'expression de la croyance admise et formulée par la raison universelle dans le verbe humain.

C'est pourquoi on dit que dans l'Homme-Dieu la divinité est humaine et l'humanité divine.

Nous disons tout ceci philosophiquement, et non théologiquement; et ceci ne touche en rien l'enseignement de l'Église, qui condamne et doit toujours condamner la magie.

Paracelse et Agrippa n'ont pas élevé autel contre autel, et se sont soumis à la religion dominante dans leur temps. Aux élus de la science les choses de la science; aux fidèles les choses de la foi!

L'empereur Julien, dans son hymne au roi Soleil, donne une théorie du ternaire qui est presque identiquement la même que celle de l'illuminé Swedenborg.

Le soleil du monde divin est la lumière infinie spirituelle et incréée; cette lumière se verbalise, si l'on peut parler ainsi, dans le monde philosophique, et devient le foyer des âmes et de la vérité, puis elle s'incorpore et devient lumière visible dans le soleil du troisième monde, soleil central de nos soleils, et dont les étoiles fixes sont les étincelles toujours vivantes.

Les cabalistes comparent l'esprit à une substance qui reste fluide dans le milieu divin et sous l'influence de la lumière essentielle, mais dont l'extérieur se durcit comme une cire exposée à l'air dans les régions plus froides du raisonnement ou des formes visibles. Ces écorces ou enveloppes pétrifiées (nous dirions mieux carnifiées, si le mot était français) sont la cause des erreurs ou du mal, qui tient à la pesanteur et à la dureté des enveloppes animiques. Dans le livre de Sohar et dans celui des révolutions des âmes, les esprits pervers, ou mauvais démons, ne sont pas appelés autrement que les écorces, *cortices*.

Les écorces du monde des esprits sont transparentes, celles du monde matériel sont opaques; les corps ne sont que des écorces temporaires et dont les âmes doivent être délivrées; mais ceux qui obéissent au corps en cette vie se font un corps intérieur ou une écorce fluidique qui devient leur prison et leur supplice après la mort, jusqu'au moment où ils parviennent à la fondre dans la chaleur de la lumière divine, où leur pesanteur les empêche de monter; ils n'y arrivent qu'avec des efforts infinis et le secours des justes qui leur tendent la main, et pendant tout ce temps ils sont dévorés par l'activité intérieure de l'esprit captif comme dans une fournaise ardente. Ceux qui parviennent au bûcher de l'expiation s'y brûlent eux-mêmes comme Hercule sur le mont OEta et se délivrent ainsi de leurs gênes; mais le plus grand nombre manquent de courage devant cette dernière épreuve, qui leur semble une seconde mort plus affreuse que la première, et restent ainsi dans l'enfer, qui est éternel de droit et de fait,

mais dans lequel les âmes ne sont jamais ni pré-
cipitées ni retenues malgré elles.

Les trois mondes correspondent ensemble par
les trente-deux voies de lumière qui sont les échelons de l'échelle sainte ; toute pensée vraie correspond à une grâce divine dans le ciel, et à une
œuvre utile sur la terre. Toute grâce de Dieu suscite
une vérité et produit un ou plusieurs actes, et réciproquement tout acte remue dans les cieux une
vérité ou un mensonge, une grâce ou un châti-
ment. Lorsqu'un homme prononce le tétragramme,
écrivent les cabalistes, les neuf cieux reçoivent une
secousse, et tous les esprits se crient les uns aux
autres : Qui donc trouble ainsi le royaume du ciel ?
Alors la terre révèle au premier ciel les péchés du
téméraire qui prend le nom de l'éternel en vain,
et le verbe accusateur est transmis de cercle en
cercle, d'étoile en étoile et de hiérarchie en hiérarchie.

Toute parole a trois sens, toute action une triple
portée, toute forme une triple idée, car l'absolu
correspond de monde en monde avec ses formes.
Toute détermination de la volonté humaine modifie la nature, intéresse la philosophie, et s'écrit
dans le ciel. Il y a donc deux fatalités, l'une résul-

tant de la volonté de l'incréé d'accord avec sa sagesse, l'autre résultant des volontés créées et d'accord avec la nécessité des causes secondes dans leurs rapports avec la cause première.

Rien n'est donc indifférent dans la vie, et nos déterminations les plus simples en apparence décident souvent d'une série incalculable de biens ou de maux, surtout dans les rapports de notre diaphane avec le grand agent magique, comme nous l'expliquerons ailleurs.

Le ternaire, étant le principe fondamental de toute la cabale ou tradition sacrée de nos pères, a dû être le dogme fondamental du christianisme, dont il explique le dualisme apparent par l'intervention d'une harmonieuse et toute puissante unité. Le Christ n'a pas écrit son dogme, et ne l'a révélé en secret qu'à son disciple favori, seul cabaliste, et grand cabaliste entre les apôtres. Aussi l'*Apocalypse* est-elle le livre de la gnose ou doctrine secrète des premiers chrétiens, doctrine dont la clef est indiquée par un verset secret du *Pater* que la Vulgate ne traduit pas, et que dans le rit grec (conservateur des traditions de saint Jean) il n'est permis qu'aux prêtres de prononcer. Ce verset tout cabalistique, se trouve dans le texte

grec de l'évangile selon saint Mathieu et dans plusieurs exemplaires hébraïques. Le voici dans ces
deux langues sacrées :

עַד אָמֵן : כִּי לְךָ הַמַמְלָכֶת וְהַגְבוּרָה וְהָהוֹר לְעוֹלְמֵי

Ὅτι σὸ ἐστὶν ἡ βασίλεια καὶ ἡ δύναμις, καὶ ἡ δόξα, εἰς τοὺς
αἰῶνας. Ἀμην.

Le mot sacré de *Malkout*, employé pour *Keter*,
qui est son correspondant cabalistique, et la balance de Géburah et de Chesed se répétant dans
les cercles ou cieux que les gnostiques appelaient
Eones, donnent dans ce verset occulte la clef de
voûte de tout le temple chrétien. Les protestants
l'ont traduit et conservé dans leur Nouveau Tes-
tament, sans en retrouver la haute et merveilleuse
intelligence, qui leur eût dévoilé tous les mystères
de l'*Apocalypse;* mais c'est une tradition dans
l'Église que la révélation de ces mystères est réservée aux derniers temps.

Malkout appuyé sur Géburah et sur Chesed,
c'est le temple de Salomon ayant pour colonnes
Jakin et Bohas. C'est le dogme adamique, appuyé
d'une part sur la résignation d'Abel, et de l'autre
sur le travail et les remords de Caïn ; c'est l'équi-

libre universel de l'être basé sur la nécessité et
sur la liberté, sur la fixité et le mouvement; c'est
la démonstration du levier universel cherchée
vainement par Archimède. Un savant qui a employé tout son talent à se rendre obscur, et qui est
mort sans avoir voulu se faire comprendre, avait
résolu cette suprême équation, retrouvée par lui
dans la cabale, et craignait par-dessus tout qu'on
ne pût savoir, s'il s'exprimait plus clairement,
l'origine de ses découvertes. Nous avons entendu
un de ses disciples et de ses admirateurs s'indigner,
peut-être de bonne foi, en l'entendant appeler
cabaliste, et pourtant nous devons dire, à la gloire
de ce savant, que ses recherches nous ont considé-
rablement abrégé notre travail sur les sciences
occultes, et que la clef de la haute cabale surtout,
indiquée dans le verset occulte que nous venons
de citer, a été doctement appliquée à une réforme
absolue de toutes les sciences dans les livres
d'Hœné Wronski.

La vertu secrète des Évangiles est donc contenue
dans trois mots, et ces trois mots ont fondé trois
dogmes et trois hiérarchies. Toute science repose
sur trois principes, comme le syllogisme sur trois
termes. Il y a aussi trois classes distinctes ou trois

rangs originels et naturels parmi les hommes, qui sont tous appelés à monter du plus bas au plus haut. Les Hébreux appellent ces séries ou degrés du progrès des esprits, Asiah, Jézirah et Briah. Les gnostiques, qui étaient les cabalistes chrétiens, les nommaient Hylé, Psyché et Gnosis; le cercle suprême s'appelait chez les Hébreux Aziluth, et chez les gnostiques Pléroma.

Dans le tétragramme, le ternaire, pris au commencement du mot, exprime la copulation divine, pris à la fin, il exprime le féminin et la maternité. Ève porte un nom de trois lettres, mais l'Adam primitif est exprimé par la seule lettre Jod, en sorte que Jéhova devrait se prononcer *Iéva*. Ceci nous conduit au grand et suprême mystère de la magie, exprimé par le quaternaire.

4 ז D.

LE TÉTRAGRAMME.

GÉBURAH CHESED.

PORTA LIBRORUM.

ELEMENTA.

Il y a dans la nature deux forces produisant un équilibre, et les trois ne sont qu'une seule loi. Voilà le ternaire se résumant dans l'unité, et, en ajoutant l'idée d'unité à celle du ternaire, on arrive au quaternaire, premier nombre carré et parfait, source de toutes les combinaisons numériques et principe de toutes les formes.

Affirmation, négation, discussion, solution, telles sont les quatre opérations philosophiques de l'esprit humain. La discussion concilie la négation avec l'affirmation en les rendant nécessaires l'une à l'autre. C'est ainsi que le ternaire philosophique, se produisant du binaire antagonique, se complète par le quaternaire, base carrée de toute vérité. En Dieu, suivant le dogme consacré, il y a trois personnes, et ces trois personnes ne sont qu'un seul Dieu. Trois et un donnent l'idée de quatre.

parce que l'unité est nécessaire pour expliquer les trois. Aussi dans presque toutes les langues, le nom de Dieu est-il de quatre lettres, et, en hébreu, ces quatre lettres ne font que trois, car il y en a une qui se répète deux fois : celle qui exprime le Verbe et la création du Verbe.

Deux affirmations rendent possibles ou nécessaires deux négations correspondantes. L'être est signifié, le néant n'est pas. L'affirmation, comme Verbe, produit l'affirmation comme réalisation ou incarnation du Verbe, et chacune de ces affirmations correspond à la négation de son contraire.

C'est ainsi que, suivant le dire des cabalistes, le nom du démon, ou du mal, se compose des lettres retournées du nom même de Dieu, ou du bien.

Ce mal, c'est le reflet perdu ou le mirage imparfait de la lumière dans l'ombre.

Mais tout ce qui existe, soit en bien, soit en mal, soit dans la lumière, soit dans l'ombre, existe et se révèle par le quaternaire.

L'affirmation de l'unité suppose le nombre quatre, si cette affirmation ne tourne pas dans l'unité elle-même comme dans un cercle vicieux. Aussi le ternaire, comme nous l'avons déjà observé, s'explique-t-il par le binaire, et se résout-il par le quaternaire, qui est l'unité carrée des nombres pairs et la base quadrangulaire du cube, unité de construction, de solidité et de mesure.

Le tétragramme cabalistique Jodhéva exprime Dieu dans l'humanité et l'humanité en Dieu.

Les quatre points cardinaux astronomiques sont, relativement à nous, le oui et le non de la lumière: l'orient et l'occident, et le oui et le non de la chaleur : le midi et le nord.

Ce qui est dans la nature visible révèle, comme nous le savons déjà d'après le dogme unique de la cabale, ce qui est dans le domaine de la nature invisible, ou des causes secondes toutes proportionnelles et analogues aux manifestations de la cause première.

Aussi cette cause première s'est-elle toujours révélée par la croix : la croix, cette unité composée de deux, qui se divisent l'un l'autre pour former quatre ; la croix, cette clef des mystères de l'Inde et de l'Égypte, le Tau des patriarches, le signe divin d'Osiris, le Stauros des gnostiques, la clef de voûte du temple, le symbole de la maçonnerie occulte ; la croix, ce point central de la jonction des angles droits de deux triangles infinis ; la croix, qui, dans la langue française, semble être la racine première et le substantif fondamental du verbe croire et du verbe croître, réunissant ainsi les idées de science, de religion et de progrès.

Le grand agent magique se révèle par quatre sortes de phénomènes, et a été soumis au tâtonnement des sciences profanes sous quatre noms : calorique, lumière, électricité, magnétisme.

On lui a aussi donné les noms de tétragramme, d'inri, d'azoth, d'éther, d'od, de fluide magnétique, d'âme de la terre, de serpent, de lucifer, etc.

Le grand agent magique est la quatrième émanation de la vie-principe, dont le soleil est la troisième forme (voir les initiés de l'école d'Alexandrie et le dogme d'Hermès Trismégiste).

En sorte que l'œil du monde (comme l'appelaient les anciens) est le mirage du reflet de Dieu, et que l'âme de la terre est un regard permanent du soleil que la terre conçoit et garde par imprégnation.

La lune concourt à cette imprégnation de la terre en repoussant vers elle une image solaire pendant la nuit, en sorte qu'Hermès a eu raison de dire, en parlant du grand agent : Le soleil est son père, la lune est sa mère. Puis il ajoute : Le vent l'a porté dans son ventre, parce que l'atmosphère est

le récipient et comme le creuset des rayons
solaires, au moyen desquels se forme cette
image vivante du soleil qui pénètre la terre tout
entière, la vivifie, la féconde, et détermine tout
ce qui se produit à sa surface par ses effluves et
ses courants continuels, analogues à ceux du soleil
lui-même.

Cet agent solaire est vivant par deux forces contraires : une force d'attraction et une force de projection, ce qui fait dire à Hermès que toujours il
remonte et redescend.

La force d'attraction se fixe toujours au centre
des corps, et la force de projection dans leurs con-
tours ou à leur surface.

C'est par cette double force que tout est créé
et que tout subsiste.

Son mouvement est un enroulement et un
déroulement successifs et indéfinis, ou plutôt simul-
tanés et perpétuels, par spirales de mouvements
contraires qui ne se rencontrent jamais.

C'est le même mouvement que celui du soleil,
qui attire et repousse en même temps tous les astres
de son système.

Connaître le mouvement de ce soleil terrestre,
de manière à pouvoir profiter de ses courants et

les diriger, c'est avoir accompli le grand œuvre, et c'est être maître du monde.

Armé d'une semblable force, vous pouvez vous faire adorer, le vulgaire vous croira Dieu.

Le secret absolu de cette direction a été possédé par quelques hommes, et peut encore être trouvé. C'est le grand arcane magique : il dépend d'un axiome incommunicable et d'un instrument qui est le grand et unique athanor des hermétiques du plus haut grade.

L'axiome incommunicable est renfermé cabalistiquement dans les quatre lettres du tétragramme disposées de cette manière :

dans les lettres des mots AZOTH et INRI, écrites cabalistiquement, et dans le monogramme du Christ, tel qu'il était brodé sur le labarum, et que le cabaliste Postel interprète par le mot ROTA, dont les adeptes ont formé leur taro ou tarot, en répétant deux fois la première lettre, pour indiquer le cercle et faire comprendre que le mot est retourné.

Toute la science magique consiste dans la connaissance de ce secret. Le savoir et oser s'en servir, c'est la toute-puissance humaine ; mais le révéler à un profane, c'est le perdre ; le révéler même à un disciple, c'est abdiquer en faveur de ce disciple, qui, à partir de ce moment, a droit de vie et de mort sur son initiateur (je parle au point de vue magique), et le tuera certainement, de peur de mourir lui-même. (Ceci n'a rien de commun avec les actes qualifiés meurtre en législation criminelle, la philosophie pratique, qui sert de base et de point de départ à nos lois, n'admettant pas les faits d'envoutements et d'influences occultes.) Nous entrons ici dans les révélations étranges, et nous nous attendons à toutes les incrédulités et à tous les haussements d'épaules du fanatisme incrédule ; car la religion voltairienne a aussi ses fanatiques, n'en déplaise aux grandes ombres qui doivent bouder maintenant d'une manière pitoyable dans les caveaux du Panthéon, pendant que le catholicisme, toujours fort de ses pratiques et de son prestige, chante l'office sur leur tête.

La parole parfaite, celle qui est adéquate à la pensée qu'elle exprime, contient toujours virtuellement ou suppose un quaternaire : l'idée et ses trois formes nécessaires et corrélatives, puis aussi l'image de la chose exprimée avec les trois termes du jugement qui la qualifie. Quand je dis : L'être existe, j'affirme implicitement que le néant n'existe pas.

Une hauteur, une largeur que la hauteur divise géométriquement en deux, et une profondeur séparée de la hauteur par l'intersection de la largeur, voilà le quaternaire naturel composé de deux lignes qui se croisent. Il y a aussi dans la nature quatre mouvements produits par deux forces qui se soutiennent l'une l'autre par leur tendance en sens contraire. Or la loi qui régit les corps est analogue et proportionnelle à celle qui gouverne les esprits, et celle qui gouverne les esprits est la manifestation même du secret de Dieu, c'est-à-dire du mystère de la création.

Supposez une montre à deux ressorts parallèles,
avec un engrenage qui les fait manœuvrer en sens
contraire, de sorte que l'un, en se détendant, res-
serre l'autre : la montre ainsi se remontera d'elle-
même, et vous aurez trouvé le mouvement perpétuel. Cet engrenage doit être à deux fins et d'une
grande précision. Est-il introuvable? Nous ne le
croyons pas. Mais, quand un homme l'aura découvert, cet homme pourra comprendre par analogie
tous les secrets de la nature : *le progrès en raison
directe de la résistance.*

Le mouvement absolu de la vie est ainsi le résultat perpétuel de deux tendances contraires qui ne
sont jamais opposées. Quand l'une des deux paraît
céder à l'autre, c'est un ressort qui se remonte, et
vous pouvez vous attendre à une réaction dont il est
très possible de prévoir le moment et de déterminer le caractère ; c'est ainsi qu'à l'époque de la plus
grande ferveur du christianisme, le règne de l'Antechrist a été connu et prédit.

Mais l'antechrist préparera et déterminera le
nouvel événement et le triomphe définitif de
l'Homme-Dieu. Ceci encore est une conclusion
rigoureuse et cabalistique contenue dans les *prémisses* évangéliques.

Ainsi la prophétie chrétienne contient une quadruple révélation : 1° chute du vieux monde et
triomphe de l'Évangile sous le premier avénement;
2° grande apostasie et venue de l'antechrist ;
3° chute de l'antechrist et retour aux idées chrétiennes ; 4° triomphe définitif de l'Évangile, ou
second avénement, désigné sous le nom de jugement dernier. Cette quadruple prophétie contient,
comme on peut le voir, deux affirmations et deux
négations, l'idée de deux ruines ou morts universelles et de deux renaissances; car à toute idée qui
apparaît à l'horizon social on peut assigner sans
craindre d'erreur un orient et un occident, un
zénith et un nadir. C'est ainsi que la croix philosophique est la clef de la prophétie, et qu'on peut
ouvrir toutes les portes de la science avec le pantacle d'Ezéchiel, dont le centre est une étoile formée
du croisement de deux croix.

La vie humaine ne se forme-t-elle pas aussi de ces trois phases ou transformations successives : naissance, vie, mort, immortalité ? Et remarquez ici que l'immortalité de l'âme, nécessitée comme complément du quaternaire, est cabalistiquement prouvée par l'analogie, qui est le dogme unique de la religion vraiment universelle, comme elle est la clef de la science et la loi inviolable de la nature.

La mort, en effet, ne peut pas plus être une fin absolue que la naissance n'est un commencement réel. La naissance prouve la préexistence de l'être humain, puisque rien ne se produit de rien, et la mort prouve l'immortalité, puisque l'être ne peut pas plus cesser d'être que le néant ne peut cesser de ne pas être. Être et néant sont deux idées absolument inconciliables, avec cette différence que l'idée du néant (idée toute négative) sort de l'idée même de l'être, dont le néant ne peut pas même être compris comme une négation absolue, tandis que l'idée de l'être ne peut jamais être même rapprochée de celle du néant, bien loin qu'elle en puisse sortir. Dire que le monde est sorti du néant, c'est proférer une monstrueuse absurdité. Tout ce qui est procède de ce qui était, par conséquent rien de ce qui est ne saurait jamais ne plus être. La succession des formes est produite par les alternatives du mouvement : ce sont des phénomènes de la vie qui se remplacent les uns les autres sans se détruire. Tout change, mais rien ne périt. Le soleil n'est pas mort lorsqu'il disparaît à l'horizon, les formes, même les plus mobiles, sont immortelles et subsistent toujours dans la permanence de leur raison d'être, qui est la combinaison de la lumière avec les puissances agrégatives des molécules de la substance première. Aussi se conservent-elles dans le fluide astral, et peuvent-elles être évoquées et reproduites selon la volonté du sage, comme nous le verrons quand nous traiterons de la seconde vue et de l'évocation des souvenirs dans la nécromancie et autres opérations magiques.

Nous reviendrons sur le grand agent magique au quatrième chapitre du *Rituel*, où nous achèverons d'indiquer les caractères du grand arcane et les moyens de ressaisir cette formidable puissance.

Disons ici quelques mots des quatre éléments magiques et des esprits élémentaires.

Les éléments magiques sont : en alchimie, le

sel, le mercure, le soufre et l'azoth ; en cabale, le *macroprosope,* le *microprosope* et les deux mères ; en hiéroglyphes, l'homme, l'aigle, le lion et le taureau ; en physique ancienne, suivant les termes et les idées vulgaires, l'air, l'eau, la terre et le feu.

En science magique, on sait que l'eau n'est pas de l'eau ordinaire ; que le feu n'est pas simplement du feu, etc. Ces expressions cachent un sens plus relevé. La science moderne a décomposé les quatre éléments des anciens et y a trouvé beaucoup de corps prétendus simples. Ce qui est simple, c'est la substance primitive et proprement dite ; il n'y a donc qu'un élément matériel, et cet élément se manifeste toujours par le quaternaire dans ses formes. Nous conserverons donc la savante distinction des apparences élémentaires admise par les anciens, et nous reconnaîtrons l'air, le feu, la terre et l'eau pour les quatre éléments positifs et visibles de la magie.

Le subtil et l'épais, le dissolvant rapide et le dissolvant lent, ou les instruments du chaud et du froid, forment en physique occulte les deux principes positifs et les deux principes

négatifs du quaternaire, et doivent être figurés
ainsi :

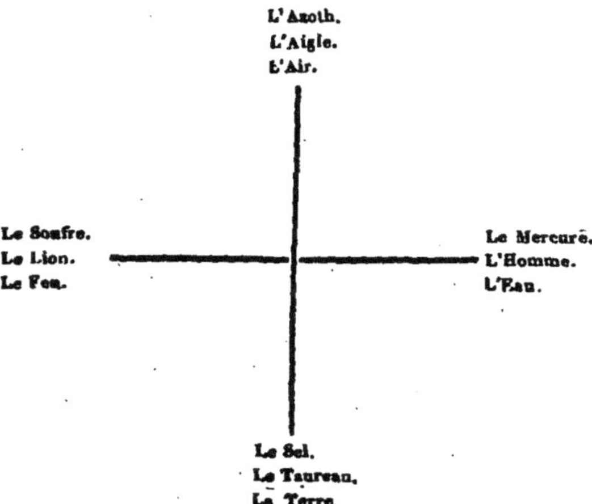

L'air et la terre représentent ainsi le principe
mâle, le feu et l'eau se rapportent au principe
femelle, puisque la croix philosophique des pantacles est, comme nous l'avons déjà dit, un hyé-
roglyphe primitif et élémentaire du lingam des
gymnosophistes.

A ces quatre formes élémentaires correspondent
les quatre idées philosophiques suivantes :

L'Esprit,
La Matière,
Le Mouvement,
Le Repos.

La science tout entière, en effet, est dans l'intelligence de ces quatre choses, que l'alchimie réduisait à trois,

> L'Absolu,
> Le Fixe,
> Le Volatil ;

et que la cabale rapporte à l'idée même de Dieu, qui est raison absolue, nécessité et liberté, triple notion exprimée dans les livres occultes des Hébreux.

Sous les noms de Kéther, de Chocmah et de Binah pour le monde divin, de Tiphereth, de Chesed et de Géburah dans le monde moral, et enfin de Jesod, Hod et Netsah dans le monde physique, qui, avec le monde moral, est contenu dans l'idée de royaume ou malkout, nous expliquerons au dixième chapitre de ce livre cette théogonie, aussi rationnelle que sublime.

Or les esprits créés, étant appelés à l'émancipation par l'épreuve, sont placés dès leur naissance entre ces quatre forces, les deux positives et les deux négatives, et sont mis à même d'affirmer ou de nier le bien, de choisir la vie ou la mort. Trouver le point fixe, c'est-à-dire le centre moral de la croix, est le premier problème qui leur est donné à résoudre; leur première conquête doit être celle de leur propre liberté.

Ils commencent donc par être entraînés les uns au nord, les autres au midi, les uns à droite, les autres à gauche, et, tant qu'ils ne sont pas libres, ils ne peuvent avoir l'usage de la raison, ni s'incarner autrement que dans des formes animales. Ces esprits non émancipés, esclaves des quatre éléments, sont ce que les cabalistes appellent des démons élémentaires, et ils peuplent les éléments qui correspondent à leur état de servitude. Il existe donc réellement des sylphes, des ondins, des gnomes et des salamandres, les uns errant et cherchant à s'incarner, les autres incarnés, et vivant sur la terre. Ce sont les hommes vicieux et imparfaits.

Nous reviendrons sur ce sujet au quinzième chapitre, qui traite des enchantements et des démons.

C'est aussi une tradition de physique occulte qui a fait admettre par les anciens l'existence des quatre âges du monde; seulement on ne disait pas au vulgaire que ces quatre âges devaient être successifs, comme les quatre saisons de l'année, et se renouveler comme elles. Ainsi l'âge d'or est passé et il est encore à venir. Mais ceci se rapporte à l'esprit de prophétie, et nous en parlerons au chapitre neuvième, qui traite de l'initié et du voyant.

Ajoutons maintenant l'unité au quaternaire, et nous aurons ensemble et séparément les idées de la synthèse et de l'analyse divines, le dieu des initiés et celui des profanes. Ici le dogme se popularise et devient moins abstrait; le grand hiérophante intervient.

‫ה‬ ‫ג‬ E

LE PENTAGRAMME.

GÉBURAH.

ECCE.

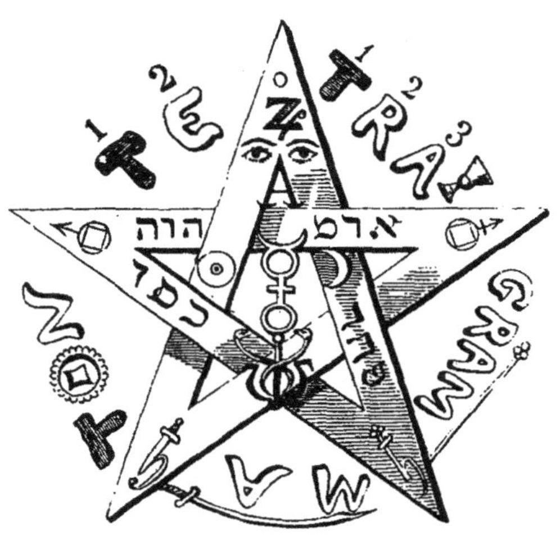

Jusqu'ici nous avons exposé le dogme magique
dans ce qu'il a de plus aride et de plus abstrait ;
ici commencent les enchantements ; ici nous pouvons annoncer les prodiges et révéler les choses
les plus cachées.

Le pentagramme exprime la domination de

l'esprit sur les éléments, et c'est par ce signe qu'on enchaîne les démons de l'air, les esprits du feu, les spectres de l'eau et les fantômes de la terre.

Armé de ce signe et convenablement disposé, vous pouvez voir l'infini à travers cette faculté qui est comme l'œil de votre âme, et vous vous ferez servir par des légions d'anges et des colonnes de démons.

Et d'abord posons des principes :

Il n'y a pas de monde invisible, il y a seulement plusieurs degrés de perfection dans les organes.

Le corps est la représentation grossière et comme l'écorce passagère de l'âme.

L'âme peut percevoir par elle-même, et sans l'entremise des organes corporels, au moyen de sa sensibilité et de son *diaphane*, les choses, soit spirituelles, soit corporelles, qui existent dans l'univers.

Spirituel et corporel sont des mots qui expriment seulement les degrés de ténuité ou de densité de la substance.

Ce qu'on appelle en nous l'imagination n'est que la propriété inhérente à notre âme de s'assimiler les images et les reflets contenus dans la lumière vivante, qui est le grand agent magnétique.

Ces images et ces reflets sont des révélations

quand la science intervient pour nous en révéler le corps ou la lumière. L'homme de génie diffère du rêveur et du fou en cela seulement que ses créations sont analogues à la vérité, tandis que celles des rêveurs et des fous sont des reflets perdus et des images égarées.

Ainsi, pour le sage, imaginer, c'est voir, comme, pour le magicien, parler, c'est créer.

On peut donc voir réellement et en vérité les démons, les âmes, etc., au moyen de l'imagination; mais l'imagination de l'adepte est diaphane, tandis que celle du vulgaire est opaque; la lumière de la vérité traverse l'une comme une fenêtre splendide, et se réfracte dans l'autre comme dans une masse vitreuse pleine de scories et de corps étrangers.

Ce qui contribue le plus aux erreurs du vulgaire et aux extravagances de la folie, ce sont les reflets des imaginations dépravées les unes dans les autres.

Mais le voyant sait de science certaine que les choses imaginées par lui sont vraies, et l'expérience confirme toujours ses visions.

Nous disons dans le *Rituel* par quels moyens on acquiert cette lucidité.

C'est au moyen de cette lumière que les visionnaires statiques se mettent en communication avec tous les mondes, comme cela arrivait si fréquemment à Emmanuel Swedenborg, qui pourtant n'était pas parfaitement lucide, puisqu'il ne discernait pas les reflets des rayons, et mêlait souvent des rêves à ses plus admirables songes.

Nous disons songes parce que le songe est le résultat d'une extase naturelle et périodique qu'on appelle sommeil. Être en extase, c'est dormir ; le somnambulisme magnétique est une reproduction et une direction de l'extase.

Les erreurs dans le somnambulisme sont occasionnées par les reflets du diaphane des personnes éveillées, et surtout du magnétiseur.

Le songe est la vision produite par la réfraction d'un rayon de vérité ; le rêve est l'hallucination occasionnée par un reflet.

La tentation de saint Antoine, avec ses cauchemars et ses monstres, représente la confusion des reflets avec les rayons directs. Tant que l'âme lutte, elle est raisonnable ; lorsqu'elle succombe à cette sorte d'ivresse envahissante, elle est folle.

Démêler le rayon direct et le séparer du reflet, telle est l'œuvre de l'initié.

Maintenant disons hautement que cette œuvre

s'est toujours accomplie par quelques hommes d'élite dans le monde ; que la révélation par intuition est ainsi permanente, et qu'il n'y a pas de barrière infranchissable qui sépare les âmes, puisqu'il n'y a dans la nature ni brusque interruption ni murailles abruptes qui puissent séparer les esprits. Tout est transition et nuances, et, si l'on suppose la perfectibilité, sinon infinie, du moins indéfinie, des facultés humaines, on verra que tout homme peut arriver à tout voir, et par conséquent à tout savoir, du moins dans un cercle qu'il peut indéfiniment élargir.

Il n'y a pas de vide dans la nature, tout est peuplé.

Il n'y a pas de mort réelle dans la nature, tout est vivant.

« Voyez-vous cette étoile ? disait Napoléon au cardinal Fesch. — Non, Sire. — Eh bien ! moi, je la vois. » Et certainement il la voyait.

C'est pour cela qu'on accuse les grands hommes d'avoir été superstitieux : c'est qu'ils ont vu ce que le vulgaire ne voit pas.

Les hommes de génie diffèrent des simples voyants par la faculté qu'ils possèdent de faire *sentir* aux autres hommes ce qu'ils voient eux-mêmes et de se faire *croire* par enthousiasme et par sympathie.

Ce sont les *médium* du Verbe divin.

Disons maintenant comment s'opère la vision.

Toutes les formes correspondent à des idées, et il n'y a pas d'idée qui n'ait sa forme propre et particulière.

La lumière primordiale, véhicule de toutes les idées, est la mère de toutes les formes et les transmet d'émanation en émanation, diminuées seulement ou altérées en raison de la densité des milieux.

Les formes secondaires sont des reflets qui retournent au foyer de la lumière émanée.

Les formes des objets, étant une modification de la lumière, restent dans la lumière où le reflet les renvoie. Aussi la lumière astrale ou le fluide terrestre que nous appelons le grand agent magique, est-il saturé d'images ou de reflets de toutes sortes que notre âme peut évoquer et soumettre à son *diaphane*, comme parlent les cabalistes. Ces images nous sont toujours présentes et sont seulement effacées par les empreintes plus fortes de la réalité pendant la veille, ou par les préoccupations de notre pensée, qui rendent notre imagination inattentive au panorama mobile de la lumière astrale. Quand nous dormons, ce spectacle se présente de lui-même à nous, et c'est ainsi que se produisent les rêves : rêves incohérents et vagues, si quelque volonté dominante ne reste active pendant le sommeil et ne donne, à l'insu même de notre intelligence, une direction au rêve, qui alors se transforme en songe.

Le magnétisme animal n'est autre chose qu'un sommeil artificiel produit par l'union, soit volontaire, soit forcée, de deux âmes dont l'une veille pendant que l'autre dort, c'est-à-dire dont l'une dirige l'autre dans le choix des reflets pour changer les rêves en songes et savoir la vérité au moyen des images.

Ainsi les somnambules ne vont pas réellement aux endroits où le magnétiseur les envoie ; elles en évoquent les images dans la lumière astrale, et ne peuvent rien voir de ce qui n'existe pas dans cette lumière.

La lumière astrale a une action directe sur les nerfs, qui en sont les conducteurs dans l'économie animale, et qui la portent au cerveau ; aussi, dans l'état de somnambulisme, peut-on voir par les nerfs, et sans avoir besoin même de la lumière rayonnante, le fluide astral étant une lumière latente, comme la physique a reconnu qu'il existe un calorique latent.

Le magnétisme à deux est sans doute une merveilleuse découverte ; mais le magnétisme d'un seul se rendant lucide à volonté et se dirigeant lui-même, c'est la perfection de l'art magique ; et le secret de ce grand œuvre n'est pas à trouver : il a été connu et pratiqué par un grand nombre d'initiés, et surtout par le célèbre Apollonius de Thiane, qui en a laissé une théorie, comme nous le verrons dans notre *Rituel*.

Le secret de la lucidité magnétique et la direction des phénomènes du magnétisme tiennent à deux choses : à l'harmonie des intelligences et à l'union parfaite des volontés dans une direction possible et déterminée par la science ; ceci est pour le magnétisme opéré entre plusieurs. Le magnétisme solitaire demande les préparations dont nous avons parlé dans notre premier chapitre, quand nous avons énuméré et fait voir dans toute leur difficulté les qualités requises pour être un véritable adepte.

Nous éclaircirons de plus en plus ce point important et fondamental dans les chapitres qui vont suivre.

Cet empire de la volonté sur la lumière astrale, qui est l'âme physique des quatre éléments, est figuré en magie par le pentagramme, dont nous avons placé la figure en tête de ce chapitre.

Aussi les esprits élémentaires sont-ils soumis à ce signe lorsqu'on l'emploie avec intelligence, et on peut, en le plaçant dans le cercle ou sur la table des évocations, les rendre dociles, ce qui s'appelle en magie les emprisonner.

Expliquons en peu de mots cette merveille. Tous les esprits créés communiquent entre eux par des signes et adhèrent tous à un certain nombre de vérités exprimées par certaines formes déterminées.

La perfection des formes augmente en raison du dégagement des esprits, et ceux qui ne sont pas appesantis par les chaînes de la matière reconnaissent à la première intuition si un signe est l'expression d'un pouvoir réel ou d'une volonté téméraire.

L'intelligence du sage donne donc de la valeur à son pantacle, comme sa science donne du poids à sa volonté, et les esprits comprennent immédiatement ce pouvoir.

Ainsi, avec le pentagramme, on peut forcer

les esprits à apparaître en songe, soit pendant la
veille, soit pendant le sommeil; *en amenant eux-
mêmes devant notre diaphane leur reflet, qui existe
dans la lumière astrale, s'ils ont vécu, ou un reflet
analogue à leur verbe spirituel, s'ils n'ont pas vécu
sur la terre.* Ceci explique toutes les visions et
démontre surtout pourquoi les morts apparaissent
toujours aux voyants, soit tels qu'ils étaient sur la
terre, soit tels qu'ils sont encore dans la tombe,
jamais comme ils sont dans une existence qui
échappe aux perceptions de notre organisme actuel.

Les femmes enceintes sont plus que d'autres sous
l'influence de la lumière astrale, qui concourt à
la formation de leur enfant, et qui leur présente
sans cesse les réminiscences de formes dont elle
est pleine. C'est ainsi que des femmes très ver-
tueuses trompent par des ressemblances équivoques
la malignité des observateurs. Elles impriment
souvent à l'œuvre de leur mariage une image qui
les a frappées en songe, et c'est ainsi que les mêmes
physionomies se perpétuent de siècle en siècle.

L'usage cabalistique du pentagramme peut donc
déterminer la figure des enfants à naître, et une
femme initiée pourrait donner à son fils les traits
de Nérée ou d'Achille, comme ceux de Louis XIV

ou de Napoléon. Nous en indiquons la manière dans notre *Rituel*.

Le pentagramme est ce qu'on nomme, en cabale, le signe du microcosme, ce signe dont Goëthe exalte la puissance dans le beau monologue de Faust :

« Ah ! comme à cette vue tous mes sens ont tres-
» sailli ! Je sens la jeune et sainte volupté de la vie
» bouillonner dans mes nerfs et dans mes veines.
» Était-il un Dieu celui qui traça ce signe qui
» apaise le vertige de mon âme, emplit de joie mon
» pauvre cœur, et, dans un élan mystérieux, dé-
» voile autour de moi les forces de la nature ? Suis-
» je un Dieu ? Tout me devient si clair ; je vois
» dans ces simples traits la nature active se révéler
» à mon âme. Maintenant pour la première fois
» je reconnais la vérité de cette parole du sage :
» Le monde des esprits n'est pas fermé ! Ton sens
» est obtus, ton cœur est mort. Debout ! Baigne,
» ô adepte de la science, ta poitrine, encore enve-
» loppée d'un voile terrestre, dans les splendeurs
» du jour naissant ! »

(FAUST, 1re partie, scène 1re.)

C'est le 24 juillet de l'année 1854 que l'auteur

de ce livre, Eliphas Lévi, fit à Londres l'expérience de l'évocation par le pentagramme, après s'y être préparé par toutes les cérémonies qui sont marquées dans le Rituel (1). Le succès de cette expérience, dont nous donnons les raisons et les détails au 13ᵉ chapitre du Dogme et les Cérémonies au 13ᵉ du Rituel, établit un nouveau fait pathologique que les hommes de vraie science admettront sans peine. L'expérience réitérée jusqu'à trois fois donna des résultats vraiment extraordinaires, mais positifs et sans aucun mélange d'hallucination. Nous invitons les incrédules à faire un essai consciencieux et raisonné avant de hausser les épaules et de sourire.

La figure du pentagramme, perfectionnée d'après la science, et qui a servi à l'auteur pour cette épreuve, est celle qui se trouve au commencement de ce chapitre, et qu'on ne trouve aussi complète ni dans les clavicules de Salomon, ni dans les calendriers magiques de Tycho-Brahé et de Duchenteau.

Observons seulement que l'usage du pentagramme est très dangereux pour les opérateurs qui

_____
(1) Voir le Rituel, chapitre 13.

n'en ont pas la complète et parfaite intelligence. La direction des pointes de l'étoile n'est pas arbitraire, et peut changer le caractère de toute l'opération, comme nous l'expliquerons dans le Rituel.

Paracelse, ce novateur en magie qui a surpassé tous les autres initiés par les succès de réalisation obtenus par lui seul, affirme que toutes les figures magiques et tous les signes cabalistiques des pantacles auxquels obéissent les esprits se réduisent à deux, qui sont la synthèse de tous les autres : le signe du macrocosme ou du sceau de Salomon, dont nous avons déjà donné la figure, que nous reproduisons ici,

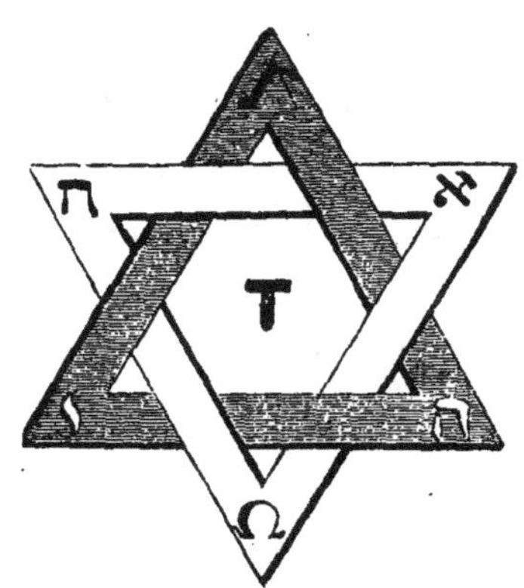

et celui du microcosme, plus puissant encore que le premier, c'est-à-dire le pentagramme, dont il donne, dans sa philosophie occulte, une minutieuse description.

Si l'on demande comment un signe peut avoir tant de puissance sur les esprits, nous demanderons à notre tour pourquoi le monde chrétien s'est prosterné devant le signe de la croix. Le signe n'est rien par lui-même et n'a de force que par le dogme dont il est le résumé et le Verbe. Or un signe qui résume en les exprimant toutes les forces occultes de la nature, un signe qui a toujours manifesté aux esprits élémentaires et autres une puissance supérieure à leur nature, les frappe naturellement de respect et de crainte et les force d'obéir, par l'empire de la science et de la volonté sur l'ignorance et la faiblesse.

C'est aussi par le pentagramme qu'on mesure les proportions exactes du grand et unique athanor nécessaire à la confection de la pierre philosophale et à l'accomplissement du grand œuvre. L'alambic le plus parfait qui puisse élaborer la quintessence est conforme à cette figure, et la quintessence elle-même est figurée par le signe du pentagramme,

6 ꭓ F.

L'ÉQUILIBRE MAGIQUE.

TIPHERET.

UNCUS.

L'intelligence suprême est nécessairement raisonnable. Dieu, en philosophie, péut n'être qu'une hypothèse, mais c'est une hypothèse imposée par le bon sens à la raison humaine. Personnifier la raison absolue, c'est déterminer l'idéal divin.

Nécessité, liberté et raison, voilà le grand et suprême triangle des cabalistes, qui nomment la raison Keter, la nécessité Chocmah et la liberté Binah, dans leur premier ternaire divin.

Fatalité, volonté et puissance, tel est le ternaire magique qui, dans les choses humaines, correspond au triangle divin.

La fatalité, c'est l'enchaînement inévitable des effets et des causes dans un ordre donné.

La volonté, c'est la faculté directrice des forces intelligentes pour concilier la liberté des personnes avec la nécessité des choses.

Le pouvoir, c'est le sage emploi de la volonté,

qui fait servir la fatalité même à l'accomplissement des désirs du sage.

Lorsque Moïse frappe le rocher, il ne crée pas la source d'eau, il la révèle au peuple, parce qu'une science occulte la lui a révélée à lui-même au moyen de la baguette divinatoire.

Il en est ainsi de tous les miracles de la magie : une loi existe, le vulgaire l'ignore, l'initié s'en sert.

Les lois occultes sont souvent diamétralement opposées aux idées communes. Ainsi, par exemple, le vulgaire croit à la sympathie des semblables et à la guerre des contraires; c'est la loi opposée qui est la vraie.

On disait autrefois : la nature a horreur du vide; il fallait dire : la nature est amoureuse du vide, si le vide n'était, en physique, la plus absurde des fictions.

Le vulgaire prend habituellement en toutes choses l'ombre pour la réalité. Il tourne le dos à la lumière et se mire dans l'obscurité qu'il projette lui-même.

Les forces de la nature sont à la disposition de celui qui sait leur résister. Êtes vous assez maître de vous-même pour n'être jamais ivre, vous disposez de la terrible et fatale puissance de l'ivresse. Si vous voulez enivrer les autres, donnez-leur envie de boire, mais ne buvez pas.

Celui-là dispose de l'amour des autres qui est maître du sien. Voulez-vous posséder, ne vous donnez pas.

Le monde est aimanté de la lumière du soleil, et nous sommes aimantés de la lumière astrale du monde. Ce qui s'opère dans le corps de la planète se répète en nous. Il y a en nous trois mondes analogues et hiérarchiques, comme dans la nature entière.

L'homme est le microcosme ou petit monde, et, suivant le dogme des analogies, tout ce qui est dans le grand monde se reproduit dans le petit. Il y a donc en nous trois centres d'attraction et de projection fluidique : le cerveau, le cœur ou l'épigastre et l'organe génital. Chacun de ces organes est unique et double, c'est-à-dire qu'on y retrouve l'idée du ternaire. Chacun de ces organes attire d'un côté et repousse de l'autre. C'est au moyen de ces appareils que nous nous mettons en communication avec le fluide universel, transmis en nous par le système nerveux. Ce sont aussi ces trois centres qui sont le siége de la triple opération magnétique, comme nous l'expliquerons ailleurs.

Lorsque le mage est parvenu à la lucidité, soit par l'intermédiaire d'une pythonisse ou somnambule, soit par ses propres efforts, il communique et dirige à volonté des vibrations magnétiques dans toute la masse de la lumière astrale, dont il devine les courants à l'aide de la baguette magique, qui est une baguette divinatoire perfectionnée. Au moyen de ces vibrations, il influence le système nerveux des personnes soumises à son action, précipite ou suspend les courants de la vie, calme ou tourmente, guérit ou rend malade, tue enfin ou ressuscite..... Mais ici nous nous arrêtons devant le sourire de l'incrédulité. Laissons-lui le triomphe facile de nier ce qu'elle ne sait pas.

Nous démontrerons plus tard que la mort est toujours précédée d'un sommeil léthargique et ne s'opère que par degrés ; que la résurrection en certains cas est possible, que la léthargie est une mort réelle, mais inachevée, et que beaucoup de morts achèvent de mourir après leur inhumation. Mais ce n'est pas de cela qu'il s'agit dans ce chapitre. Nous disons donc qu'une volonté lucide peut agir sur la masse de la lumière astrale, et, avec le concours d'autres volontés qu'elle absorbe et qu'elle entraîne, déterminer de grands et irrésistibles courants. Disons aussi que la lumière astrale se condense ou se raréfie, suivant que les courants l'accumulent plus ou moins à certains centres. Lorsqu'elle manque de l'énergie suffisante pour alimenter la vie, il s'ensuit des maladies de décomposition subite, qui font le désespoir de la médecine. Le choléra-morbus, par exemple, n'a point d'autre cause, et les colonnes d'animalcules observées ou supposées par certains savants en peuvent être l'effet plutôt que la cause. Il faudrait donc traiter le choléra par l'insufflation, si, dans un pareil traitement, l'opérateur ne s'exposait à faire avec le patient un échange trop redoutable pour le premier.

Tout effort intelligent de volonté est une projection de fluide ou de lumière humaine, et ici il importe de distinguer la lumière humaine de la lumière astrale, et le magnétisme animal du magnétisme universel.

En nous servant du mot fluide, nous employons une expression reçue, et nous cherchons à nous faire comprendre par ce moyen; mais nous sommes loin de décider que la lumière latente soit un fluide. Tout nous porterait, au contraire, à préférer, dans l'explication de cet être phénoménal, le système des vibrations. Quoi qu'il en soit, cette lumière, étant l'instrument de la vie, se fixe naturellement à tous les centres vivants ; elle s'attache au noyau des planètes comme au cœur de l'homme (et par le cœur nous entendons, en magie, le grand sympathique), mais elle s'identifie à la vie propre de l'être qu'elle anime, et c'est par cette propriété d'assimilation sympathique qu'elle se partage sans confusion. Ainsi elle est terrestre dans ses rapports avec le globe de la terre, et exclusivement humaine dans ses rapports avec les hommes.

C'est pour cela que l'électricité, le calorique, la lumière et l'aimantation produits par les moyens physiques ordinaires non-seulement ne produisent pas, mais tendent, au contraire, à neutraliser les effets du magnétisme animal. La lumière astrale, subordonnée à un mécanisme aveugle et procédant des centres donnés d'autotélie, est une lumière morte et opère mathématiquement suivant les impulsions données ou suivant des lois fatales ; la lumière humaine, au contraire, n'est fatale que chez l'ignorant qui fait des tentatives au hasard ; chez le voyant, elle est subordonnée à l'intelligence, soumise à l'imagination et dépendante de la volonté -

C'est cette lumière qui, projetée sans cesse par notre volonté, forme ce que Swedenborg appelle les atmosphères personnelles. Le corps absorbe ce qui l'environne et rayonne sans cesse en projetant ses miasmes et ses molécules invisibles : il en est de même de l'esprit, en sorte que ce phénomène, nommé par quelques mystiques le *respir*, a réellement l'influence qu'on lui attribue, soit au physique, soit au moral. Il est réellement contagieux de respirer le même air que les malades, et de se trouver dans le cercle d'attraction et d'expansion des méchants.

Lorsque l'atmosphère magnétique de deux personnes est tellement équilibrée que l'attractif de l'une aspire l'expansion de l'autre, il se produit un attrait qu'on nomme la sympathie ; alors l'imagination, évoquant à elle tous les rayons ou tous les reflets analogues à ce qu'elle éprouve, se fait un poëme de désirs qui entraînent la volonté, et, si les personnes sont de sexes différents, il se produit en elles ou le plus souvent dans la plus faible des deux, une ivresse complète de lumière astrale. qu'on appelle la passion proprement dite ou l'amour.

L'amour est un des grands instruments du pouvoir magique ; mais il est formellement interdit au

magiste, du moins comme ivresse ou comme passion. Malheur au Samson de la cabale, s'il se laisse
endormir par Dalila! L'Hercule de la science qui
change son sceptre royal contre le fuseau d'Om-
phale sentira bientôt les vengeances de Déjanire,
et il ne lui restera que le bûcher du mont Œta
pour échapper aux étreintes dévorantes de la tuni-
que de Nessus. L'amour sexuel est toujours une
illusion, puisque c'est le résultat d'un mirage imaginaire. La lumière astrale est le séducteur universel figuré par le serpent de la Genèse. Cet agent
subtil, toujours actif, toujours luxuriant de séve,
toujours fleuri de rêves séduisants et de douces images; cette force aveugle par elle-même et subordonnée à toutes les volontés, soit pour le bien, soit pour
le mal; ce *circulus* toujours renaissant d'une vie
indomptée qui donne le vertige aux imprudents;
cet esprit corporel, ce corps igné, cet éther impal-
pable et présent partout; cette immense séduction
de la nature, comment la définir tout entière et
comment qualifier son action? Indifférente en quelque sorte par elle-même, elle se prête au bien comme
au mal; elle porte la lumière et propage les ténèbres; on peut également la nommer Lucifer ou
Lucifuge: c'est un serpent, mais c'est aussi une

auréole ; c'est un feu, mais il peut aussi bien appartenir aux tourments de l'enfer qu'aux offrandes d'encens promises au ciel. Pour s'emparer de lui, il faut, comme la femme prédestinée, lui mettre le pied sur la tête.

Ce qui correspond à la femme cabalistique, dans le monde élémentaire, c'est l'eau, et ce qui correspond au serpent, c'est le feu. Pour dompter le serpent, c'est-à-dire pour dominer le cercle de la lumière astrale, il faut parvenir à se mettre hors de ses courants, c'est-à-dire à s'isoler. C'est pour cela qu'Apollonius de Thyane s'enveloppait entièrement dans un manteau de laine fine sur lequel il posait ses pieds, et qu'il ramenait sur sa tête ; puis il arrondissait en demi-cercle sa colonne vertébrale, et fermait les yeux après avoir accompli certains rites qui devaient être des passes magnétiques et des paroles sacramentelles ayant pour but de fixer l'imagination et de déterminer l'action de la volonté. Le manteau de laine est d'un grand usage en magie, et c'est le véhicule ordinaire des sorciers qui vont au sabbat, ce qui prouve que les sorciers n'allaient pas réellement au sabbat, mais que le sabbat venait trouver les sorciers isolés dans leur manteau et apportait à leur *translucide* les images analogues à leurs préoccupations magiques, mêlées aux reflets de tous les actes du même genre qui s'étaient accomplis avant eux dans le monde.

Ce torrent de la vie universelle est aussi figuré dans les dogmes religieux par le feu expiatoire de l'enfer. C'est l'instrument de l'initiation, c'est le monstre à dompter, c'est l'ennemi à vaincre; c'est lui qui envoie à nos évocations et aux conjurations de la goëtie tant de larves et de fantômes; c'est en lui que se conservent toutes les formes dont le fantastique et fortuit assemblage peuple nos cauchemars de si abominables monstres. Se laisser entraîner à la dérive par ce fleuve qui tournoie, c'est tomber dans les abîmes de la folie, plus effrayants que ceux de la mort; chasser les ombres de ce chaos et lui faire donner des formes parfaites à nos pensées, c'est être homme de génie, c'est créer, c'est avoir triomphé de l'enfer !

La lumière astrale dirige les instincts des animaux et livre bataille à l'intelligence de l'homme qu'elle tend à pervertir par le luxe de ses reflets et le mensonge de ses images, action fatale et nécessaire que dirigent et rendent plus funeste encore les esprits élémentaires et les âmes en peine, dont les volontés inquiètes cherchent des sympathies dans nos faiblesses, et nous tentent moins pour nous perdre que pour se faire des amis.

Ce livre des consciences, qui, suivant le dogme chrétien, doit être manifesté au dernier jour, n'est autre que la lumière astrale dans laquelle se conservent les impressions de tous les verbes, c'est-à-dire de toutes les actions et de toutes les formes. Nos actes modifient notre *respir magnétique* de telle sorte qu'un voyant peut dire, en s'approchant d'une personne pour la première fois, si cette personne est innocente ou coupable, et quels sont ses vertus ou ses crimes. Cette faculté, qui appartient à la divination, était appelée par les mystiques chrétiens de la primitive Église le discernement des esprits.

Les personnes qui renoncent à l'empire de la raison et qui aiment à égarer leur volonté à la poursuite des reflets de la lumière astrale sont sujettes à des alternatives de fureur et de tristesse qui ont fait imaginer toutes les merveilles de la possession du démon ; il est vrai qu'au moyen de ces reflets, les esprits impurs peuvent agir sur de pareilles âmes, s'en faire des instruments dociles et s'habituer même à tourmenter leur organisme, dans lequel ils viennent résider par *obsession* ou par *embryonnat*. Ces mots cabalistiques sont expliqués dans le livre hébreu de la *Révolution des âmes*, dont notre chapitre treizième contiendra l'analyse succincte.

Il est donc extrêmement dangereux de se jouer des mystères de la magie ; il est surtout souverainement téméraire d'en pratiquer les rites par curiosité, par essai et comme pour tenter les puissances supérieures. Les curieux qui, sans être adeptes, se mêlent d'évocations ou de magnétisme occulte, ressemblent à des enfants qui joueraient avec du feu près d'un baril de poudre fulminante : ils seront tôt ou tard les victimes de quelque terrible explosion.

Pour s'isoler de la lumière astrale, il ne suffit pas de s'entourer d'étoffe de laine, il faut encore et surtout avoir imposé une quiétude absolue à son esprit et à son cœur, être sorti du domaine des passions et s'être assuré de la persévérance dans les actes spontanés d'une volonté inflexible. Il faut aussi réitérer souvent les actes de cette volonté, car, comme nous le verrons dans l'introduction du Rituel, la volonté ne s'assure d'elle-même que par des actes, comme les religions n'ont d'empire et de durée que par leurs cérémonies et leurs rites.

Il existe des substances enivrantes qui, en exal-

tant la sensibilité nerveuse, augmentent la puissance des représentations, et par conséquent des
séductions astrales; par les mêmes moyens, mais
suivant une direction contraire, on peut épouvanter et troubler les esprits. Ces substances, magnétiques par elles-mêmes et magnétisées encore par
les praticiens, sont ce qu'on appelle des philtres
ou des breuvages enchantés. .Mais nous n'aborde-
rons pas cette dangereuse application de la magie,
que Cornelius Agrippa lui-même traite de magie
empoisonneuse. Il n'existe plus, il est vrai, de bûchers pour les sorciers, mais il y a toujours et plus
que jamais des peines portées contre les malfaiteurs. Bornons-nous donc à constater, dans l'occa-
sion, la réalité de cette puissance.

Pour disposer de la lumière astrale, il faut aussi
en comprendre la double vibration et connaître
la balance des forces qu'on appelle l'équilibre
magique, et qu'on exprime, en cabale, par le
senaire.

Cet équilibre, considéré dans sa cause première,
c'est la volonté de Dieu; dans l'homme, c'est la
liberté; dans la matière, c'est l'équilibre mathématique.

L'équilibre produit la stabilité et la durée.

La liberté enfante l'immortalité de l'homme, et la volonté de Dieu met en œuvre les lois de l'éternelle raison. L'équilibre dans les idées c'est la sagesse, dans les forces c'est la puissance. L'équilibre est rigoureux. Qu'on observe la loi, il est; qu'on la viole, si légèrement que ce soit, il n'est plus.

C'est pour cela que rien n'est inutile ni perdu. Toute parole et tout mouvement sont pour ou contre l'équilibre, pour ou contre la vérité : car l'équilibre représente la vérité, qui se compose du pour et du contre conciliés, ou du moins équilibrés ensemble.

Nous disons dans l'introduction au Rituel comment l'équilibre magique doit se produire, et pourquoi il est nécessaire au succès de toutes les opérations.

La toute-puissance, c'est la liberté la plus absolue. Or la liberté absolue ne saurait exister sans un équilibre parfait. L'équilibre magique est donc une des conditions premières du succès dans les opérations de la science, et on doit le chercher même dans la chimie occulte, en apprenant à combiner les contraires sans les neutraliser l'un par l'autre.

C'est par l'équilibre magique qu'on explique le

grand et antique mystère de l'existence et de la nécessité relative du mal.

Cette nécessité relative donne, en magie noire, la mesure de la puissance des démons ou esprits impurs, auxquels les vertus qui se pratiquent sur la terre donnent plus de fureur, et en apparence même plus de force.

Aux époques où les saints et les anges font ouvertement des miracles, les sorciers et les diables font à leur tour des merveilles et des prodiges.

C'est la rivalité qui fait souvent le succès : on s'appuie toujours sur ce qui résiste

7 ꞇ G.

L'ÉPÉE FLAMBOYANTE.

NETSAH.

GLADIUS.

Le septénaire est le nombre sacré dans toutes les théogonies et dans tous les symboles, parce qu'il est composé du ternaire et du quaternaire.

Le nombre sept représente le pouvoir magique dans toute sa force; c'est l'esprit assisté de toutes les puissances élémentaires; c'est l'âme servie par la nature, c'est le *sanctum regnum* dont il est parlé dans les Clavicules de Salomou, et qui est représenté dans le Tarot par un guerrier couronné portant un triangle sur sa cuirasse, et debout sur un cube, auxquels sont attelés deux sphynx, l'un blanc et l'autre noir, qui tirent en sens contraire et détournent la tête en se regardant.

Ce guerrier est armé d'une épée flamboyante, et tient de l'autre main un sceptre surmonté d'un triangle et d'une boule.

Le cube, c'est la pierre philosophale, les sphynx sont les deux forces du grand agent, correspon-

dantes à Jakin et à Bohas, qui sont les deux colonnes du temple ; la cuirasse, c'est la science des
choses divines qui rend le sage invulnérable aux
atteintes humaines ; le sceptre, c'est la baguette
magique ; l'épée flamboyante, c'est le signe de la
victoire sur les vices, qui sont au nombre de sept,
comme les vertus ; les idées de ces vertus et de
ces vices étaient figurées par les anciens sous les
symboles des sept planètes connues alors.

Ainsi la foi, cette aspiration à l'infini, cette
noble confiance en soi-même, soutenue par la
croyance en toutes les vertus, la foi, qui dans les
natures faibles peut dégénérer en orgueil, était représentée par le Soleil ; l'espérance, ennemie de
l'avarice, par la Lune ; la charité, opposée à la
luxure, par Vénus, la brillante étoile du matin et
du soir ; la force, supérieure à la colère, par Mars ;
la prudence, opposée à la paresse, par Mercure ; la
tempérance, opposée à la gourmandise, par Saturne, à qui l'on donne une pierre à manger à la
place de ses enfants ; et la justice, enfin, opposée
à l'envie, par Jupiter, vainqueur des Titans. Tels
sont les symboles que l'astrologie emprunte au
culte hellénique. Dans la cabale des Hébreux, le
Soleil représente l'ange de lumière ; la Lune, l'ange

des aspirations et des rêves; Mars, l'ange extermi-
nateur; Vénus, l'ange des amours; Mercure, l'ange
civilisateur; Jupiter, l'ange de puissance; Saturne,
l'ange des solitudes. On les nomme aussi Michaël,
Gabriel, Samaël, Anaël, Raphaël, Zachariel et
Orifiel.

Ces puissances dominatrices des âmes se parta-
gent la vie humaine par périodes, que les astrologues mesuraient sur les révolutions des planètes
correspondantes.

Mais il ne faut pas confondre l'astrologie cabalistique avec l'astrologie judiciaire. Nous expliquerons cette distinction. L'enfance est vouée au Soleil, l'adolescence à la Lune, la jeunesse à Mars et
Vénus, la virilité à Mercure, l'âge mûr à Jupiter,
et la vieillesse à Saturne. Or l'humanité tout entière vit sous des lois de développement analogues
à celles de la vie individuelle. C'est sur cette base
que Trithème établit sa clavicule prophétique des
sept esprits dont nous parlerons ailleurs, et au
moyen de laquelle on peut, en suivant les proportions analogiques des événements successifs, prédire avec certitude les grands événements futurs,
et fixer d'avance, de période en période, les destinées des peuples et du monde.

Saint Jean, dépositaire de la doctrine secrète du Christ, a consigné cette doctrine dans le livre cabalistique de l'Apocalypse, qu'il représente fermé de sept sceaux. On y retrouve les sept génies des mythologies anciennes, avec les coupes et les épées du Tarot. Le dogme caché sous ces emblèmes est la pure cabale, déjà perdue par les Pharisiens à l'époque de la venue du Sauveur ; les tableaux qui se succèdent dans cette merveilleuse épopée prophétique sont autant de pantacles dont le ternaire, le quaternaire, le septénaire et le duodénaire sont les clefs. Les figures hiéroglyphiques en sont analogues à celles du livre d'Hermès ou de la Genèse d'Hénoch, pour nous servir du titre hasardé qui exprime seulement l'opinion personnelle du savant Guillaume Postel.

Le chérub ou taureau symbolique que Moïse place à la porte du monde édénique, et qui tient à la main une épée flamboyante, est un sphinx ayant un corps de taureau et une tête humaine ; c'est l'antique sphinx assyrien, dont le combat et la victoire de Mithra étaient l'analyse hiéroglyphique. Ce sphinx armé représente la loi du mystère qui veille à la porte de l'initiation pour en écarter les profanes. Voltaire, qui ne savait rien de tout cela, a beaucoup ri de voir un bœuf tenir une épée. Qu'aurait-il dit s'il avait visité les ruines de Memphis et de Thèbes, et qu'aurait eu à répondre à ses petits sarcasmes, tant goûtés en France, cet écho des siècles passés qui dort dans les sépulcres de Psamétique et de Ramsès?

Le chérub de Moïse représente aussi le **grand** mystère magique, dont le septénaire exprime tous les éléments, sans en donner toutefois le dernier mot. Ce *verbum inenarrabile* des sages de l'école d'Alexandrie, ce mot que les cabalistes hébreux écrivent יהוה et traduisent par אראריתא, exprimant ainsi la triplicité du principe secondaire, le dualisme des moyens et l'unité tant du premier principe que de la fin, puis aussi l'alliance du ternaire avec le quaternaire dans un mot composé de quatre lettres, qui forment sept au moyen d'une triple et d'une double répétition ; ce mot se prononce Ararita.

La vertu du septénaire est absolue en magie, car le nombre est décisif en toutes choses ; aussi toutes les religions l'ont-elles consacré dans leurs rites. La septième année chez les Juifs était jubilaire ; le septième jour est consacré au repos et à la prière ; il y a sept sacrements, etc.

Les sept couleurs du prisme, les sept notes de la musique, correspondent aussi aux sept planètes des anciens, c'est-à-dire aux sept cordes de la lyre humaine. Le ciel spirituel n'a jamais changé, et l'astrologie est restée plus invariable que l'astronomie. Les sept planètes, en effet, ne sont autre chose que des symboles hiéroglyphiques du clavier de nos affections. Faire des talismans du Soleil, de la Lune ou de Saturne, c'est attacher magnétiquement sa volonté à des signes qui correspondent aux principales puissances de l'âme; consacrer quelque chose à Vénus ou à Mercure, c'est magnétiser cette chose dans une intention directe, soit de plaisir, soit de science ou de profit. Les métaux, les animaux, les plantes et les parfums analogues, sont en cela nos auxiliaires. Les sept animaux magiques sont : parmi les oiseaux correspondant au monde divin, le cygne, la chouette, le vautour, la colombe, la cigogne, l'aigle et la huppe; parmi les poissons correspondant au monde spirituel ou scientifique, le phoque, l'œlurus, le lucius, le thimallus, le mugil, le dauphin, et la sépia ou sèche; parmi les quadrupèdes correspondant au monde naturel, ce sont le lion, le chat, le loup, le bouc, le singe, le cerf et la taupe. Le sang, la graisse, le foie et le fiel de ces animaux, servent pour les enchantements; leur cervelle se combine avec les parfums des planètes, et il est reconnu par la pratique des anciens qu'ils possèdent des vertus magnétiques correspondant aux sept influences planétaires.

Les talismans des sept esprits se font soit sur les pierres précieuses, tels que le carbunculus, le cristal, le diamant, l'émeraude, l'agate, le saphir et l'onix; soit sur les métaux, comme l'or, l'argent, le fer, le cuivre, le mercure fixé, l'étain et le plomb. Les signes cabalistiques des sept esprits sont : pour le Soleil, un serpent à tête de lion ; pour la Lune, un globe coupé par deux croissants ; pour Mars, un dragon mordant la garde d'une épée ; pour Vénus, un lingam ; pour Mercure, le caducée hermétique et le cynocéphale ; pour Jupiter, le pentagramme flamboyant dans les serres ou au bec d'un aigle ; pour Saturne, un vieillard boiteux ou un serpent enlacé autour de la pierre héliaque. On retrouve tous ces signes sur les pierres gravées des anciens, et particulièrement sur les talismans des époques gnostiques connus sous le nom d'A-braxas. Dans la collection des talismans de Para-celse, Jupiter est représenté par un prêtre en cos—

tume ecclésiastique, et dans le tarot il est figuré par un grand hiérophante coiffé de la tiare à trois diadèmes, tenant en main la croix à trois étages, formant le triangle magique et représentant à la fois le sceptre et la clef des trois mondes.

En réunissant tout ce que nous avons dit de l'unité du ternaire et du quaternaire, on aura tout ce qui nous resterait à dire du septénaire, cette grande et complète unité magique, composée de quatre et de trois (1).

(1) Voir, pour les plantes et les couleurs du septénaire employées aux usages magnétiques, le savant ouvrage de M. Ragon sur la Maçonnerie occulte.

8 ח H.

LA RÉALISATION.

ROL

VIVENS.

Les causes se révèlent par les effets, et les effets sont proportionnels aux causes. Le verbe divin, le mot unique, le tétragramme, s'est affirmé par la création quaternaire. La fécondité humaine prouve la fécondité divine ; le jod du nom divin est la virilité éternelle du premier principe. L'homme a compris qu'il était fait à l'image de Dieu lorsqu'il a compris Dieu en agrandissant, jusqu'à l'infini, l'idée qu'il se fait de lui-même.

En comprenant Dieu comme l'homme infini, l'homme s'est dit à lui-même : Je suis le Dieu fini.

La magie diffère du mysticisme en ce qu'elle ne juge *à priori* qu'après avoir établi *à posteriori* la base même de ses jugements. c'est-à-dire qu'après avoir compris la cause par les effets contenus dans l'énergie même de la cause, au moyen de la loi universelle de l'analogie ; aussi dans les sciences

occultes tout est réel, et les théories ne s'établissent
que sur les bases de l'expérience. Ce sont les réalités qui constituent les proportions de l'idéal, et le
mage n'admet comme certain dans le domaine des
idées que ce qui est démontré par la réalisation. En
d'autres termes, ce qui est vrai dans la cause se
réalise dans l'effet. Ce qui ne se réalise pas n'est pas.
La réalisation de la parole, c'est le verbe proprement dit. Une pensée se réalise en devenant
parole ; elle se réalise par les signes, par les sons et
par les figures des signes : c'est là le premier dé-
gré de réalisation. Puis elle s'imprime dans la
lumière astrale au moyen des signes de l'écriture
ou de la parole ; elle influence d'autres esprits en
se reflétant sur eux ; se réfracte en traversant le diaphane des autres hommes, y prend des formes et
des proportions nouvelles, puis se traduit en actes
et modifie la société et le monde : c'est là le dernier degré de réalisation. Les hommes qui naissent dans un monde modifié par une idée en appor-
tent avec eux l'empreinte, et c'est ainsi que le verbe
se fait chair. L'empreinte de la désobéissance
d'Adam, conservée dans la lumière astrale, n'a pu
être effacée que par l'empreinte plus forte de l'o-
béissance du Sauveur, et c'est ainsi qu'on peut

expliquer le péché originel et la rédemption dans un sens naturel et magique.

La lumière astrale ou l'âme du monde était l'instrument de la toute-puissance d'Adam, puis est devenue l'instrument de son supplice, après avoir été corrompue et troublée par son péché, qui a mêlé un reflet impur aux images primitives qui composaient, pour son imagination encore vierge, le livre de la science universelle.

La lumière astrale, figurée dans les anciens symboles par le serpent qui se mord la queue, représente tour à tour la malice et la prudence, le temps et l'éternité, le tentateur et le Rédempteur. C'est que cette lumière, étant le véhicule de la vie, peut servir d'auxiliaire au bien comme au mal, et peut être prise pour la forme ignée de Satan comme pour le corps du Saint-Esprit. C'est l'arme universelle de la bataille des anges, et elle alimente aussi bien les flammes de l'enfer que la foudre de saint Michel. On pourrait la comparer à un cheval d'une nature analogue à celle qu'on attribue au caméléon, et qui refléterait toujours l'armure de son cavalier.

La lumière astrale est la réalisation ou la forme de la lumière intellectuelle, comme celle-ci est la réalisation ou la forme de la lumière divine.

Le grand initiateur du christianisme, comprenant que la lumière astrale était surchargée des
reflets impurs de la débauche romaine, voulut séparer ses disciples de la sphère ambiante des reflets et
les rendre uniquement attentifs à la lumière intérieure, afin qu'au moyon d'une foi commune ils pus-
sent communiquer ensemble par de nouveaux cor-
dons magnétiques qu'il nomma grâce, et vaincre
ainsi les courants débordés du magnétisme universel, auquel il donnait les noms de diable et de Satan,
pour en exprimer la putréfaction. Opposer un
courant à un courant, c'est renouveler la puissance
de la vie fluidique. Aussi les révélateurs n'ont-ils
guère fait que deviner par la justesse de leurs calculs l'heure propre aux réactions morales.

La loi de réalisation produit ce que nous appelons
le *respir* magnétique, dont s'imprègnent les objets
et les lieux, ce qui leur communique une influence
conforme à nos volontés dominantes, surtout à
celles qui sont confirmées et réalisées par des actes.
En effet, l'agent universel, ou la lumière astrale
latente, cherche toujours l'équilibre ; il emplit le
vide et aspire le plein, ce qui rend le vice contagieux comme certaines maladies physiques, et sert

puissamment au prosélytisme de la vertu. C'est pour
cela que la cohabitation avec des êtres antipathiques
est un supplice; c'est pour cela que les reliques,
soit des saints, soit des grands scélérats, peuvent
produire des effets merveilleux de conversion ou
de perversion subite; c'est pour cela que l'amour
sexuel se produit souvent par un souffle ou par un
contact, et non-seulement par le contact de la personne même, mais au moyen des objets qu'elle a
touchés ou magnétisés sans le savoir.

L'âme aspire et respire exactement comme le
corps. Elle aspire ce qu'elle croit du bonheur, et
respire des idées qui résultent de ses sensations in-
times. Les âmes malades ont mauvaise haleine et
vicient leur atmosphère morale, c'est-à-dire mêlent
à la lumière astrale qui les pénètre des reflets impurs et y établissent des courants délétères. On est
étonné souvent d'être assailli, en société, de pensées mauvaises qu'on n'avait pas crues possibles,
et l'on ne sait pas qu'on les doit à quelque voisinage
morbide. Ce secret est d'une grande importance,
car il conduit à la manifestation des consciences,
un des pouvoirs les plus incontestables et les plus
terribles de l'art magique.

Le *respir* magnétique produit autour de l'âme

un rayonnement dont elle est le centre, et elle s'entoure du réflet de ses œuvres, qui lui font un ciel ou un enfer. Il n'y a pas d'actes solitaires et il ne saurait y avoir d'actes cachés; tout ce que nous voulons réellement, c'est-à-dire tout ce que nous confirmons par nos actes, reste écrit dans la lumière astrale, où se conservent nos reflets; ces reflets influencent continuellement notre pensée par l'entremise du diaphane, et c'est ainsi qu'on devient et qu'on reste l'enfant de ses œuvres.

La lumière astrale, transformée en lumière humaine au moment de la conception, est la première enveloppe de l'âme, et, en se combinant avec les fluides les plus subtils, elle forme le corps éthéré ou le fantôme sidéral dont parle Paracelse dans sa philosophie d'intuition (*Philosophia sagax*). Ce corps sidéral, en se dégageant à la mort, attire à lui et conserve longtemps, par la sympathie des homogènes, les reflets de la vie passée; si une volonté puissamment sympathique l'attire dans un courant particulier, il se manifeste naturellement, car il n'y a rien de plus naturel que les prodiges. C'est ainsi que se produisent les apparitions. Mais nous développerons ceci plus complétement au chapitre spécial de la Nécromancie.

Ce corps fluidique, soumis, comme la masse de la lumière astrale, à deux mouvements contraires, attractif à gauche, et répulsif à droite, ou réciproquement, chez les deux sexes, produit en nous les luttes des différents attraits et contribue aux anxiétés de la conscience : souvent il est influencé par les reflets des autres esprits, et c'est ainsi que se produisent, soit les tentations, soit les grâces subtiles et inattendues. C'est aussi l'explication du dogme traditionnel des deux anges qui nous assistent et nous éprouvent. Les deux forces de la lumière astrale peuvent être figurées par une balance où sont pesées nos bonnes intentions pour le triomphe de la justice et l'émancipation de notre liberté.

Le corps astral n'est pas toujours du même sexe que le corps terrestre, c'est-à-dire que les proportions des deux forces, variant de droite à gauche, semblent souvent contredire l'organisation visible; c'est ce qui produit les erreurs apparentes des passions humaines, et peut expliquer, sans les justifier en aucune façon devant la morale, les singularités amoureuses d'Anacréon ou de Sapho.

Un magnétiseur habile doit apprécier toutes ces nuances, et nous donnons dans notre Rituel les moyens de les reconnaître.

Il y a deux sortes de réalisations, la vraie et la fantastique. La première est le secret exclusif des magiciens, l'autre appartient aux enchanteurs et aux sorciers.

Les mythologies sont des réalisations fantastiques du dogme religieux, les superstitions sont le sortilége de la fausse piété; mais les mythologies même et les superstitions sont plus efficaces sur la volonté humaine qu'une philosophie purement spéculative et exclusive de toute pratique. C'est pour cela que saint Paul oppose les conquêtes de la folie de la Croix à l'inertie de la sagesse humaine. La religion *réalise* la philosophie en *l'adaptant* aux faiblesses du vulgaire : telle est pour les cabalistes la raison secrète et l'explication occulte des dogmes de l'incarnation et de la rédemption.

Les pensées qui ne se traduisent pas en paroles. sont des pensées perdues pour l'humanité; les paroles qui ne sont pas confirmées par des actes sont des paroles oiseuses, et il n'y a pas loin de la parole oiseuse au mensonge.

C'est la pensée formulée par des paroles et confirmée par des actes qui constitue la bonne œuvre ou le crime. Donc, soit en vice, soit en vertu, il n'y a pas de parole dont on ne soit responsable; il n'y a surtout pas d'actes indifférents. Les malédictions et les bénédictions ont toujours leur effet, et toute action, quelle qu'elle soit, lorsqu'elle est inspirée par l'amour ou par la haine, produit des effets analogues à son motif, à sa portée et à sa direction. L'empereur dont on avait mutilé les images, et qui, en portant la main à son visage, disait : « Je ne me sens pas blessé, » faisait une fausse appréciation et diminuait en cela le mérite de sa clémence. Quel homme d'honneur verrait de sang-froid les insultes faites à son portrait? Et si réellement de pareilles insultes, faites même à notre insu, retombaient sur nous par une influence fatale, si l'art des envoûtements était réel, comme il n'est pas permis à un adepte d'en douter, combien ne trouverait-on pas plus imprudente, et même plus téméraire encore, la parole de ce bon empereur!

Il est des personnes qu'on n'offense jamais impunément, et, si l'injure qu'on leur a faite est mortelle, on commence dès lors à mourir. Il en est qu'on ne rencontre même pas en vain, et dont le regard change la direction de votre vie. Le basilic qui tue en regardant n'est pas une fable, c'est une allégorie magique. En général, il est mauvais pour la santé d'avoir des ennemis, et l'on ne brave im-

punément la réprobation de personne. Avant de
s'opposer à une force ou à un courant, il faut bien
s'assurer si l'on possède la force ou si l'on est
porté par le courant contraire; autrement on sera
écrasé ou foudroyé, et beaucoup de morts subites
n'ont pas d'autres causes. Les morts terribles de
Nadab et Abiu, d'Osa, d'Ananie et de Saphire,
furent causées par les courants électriques des
croyances qu'ils outrageaient; les tourments des
ursulines de Loudun, des religieuses de Louviers
et des convulsionnaires du jansénisme, avaient
le même principe et s'expliquent par les mêmes
lois naturelles occultes. Si Urbain Grandier n'eût
pas été supplicié, il fût arrivé de deux choses l'une,
ou que les religieuses possédées seraient mortes
dans d'affreuses convulsions, ou que les phénomènes de frénésie diabolique eussent gagné, en se
multipliant, tant de volontés et tant de force, que
Grandier, malgré sa science et sa raison, eût été
halluciné lui-même au point de se calomnier comme
avait fait le malheureux Gaufridy, ou fût mort
tout à coup, avec toutes les circonstances effrayan-
tes d'un empoisonnement ou d'une vengeance divine.

La malheureux poëte Gilbert fut, au xviii° siècle,

victime de son audace à braver le courant de l'opinion et même du fanatisme philosophique de son
époque. Coupable de lèse-philosophie, il mourut
fou furieux, assailli des plus incroyables terreurs,
comme si Dieu lui-même l'eût puni d'avoir soutenu sa cause hors de propos; mais il périssait en
effet victime d'une loi de la nature qu'il ne pouvait
connaître : il s'était opposé à un courant électri-
que, et il tombait foudroyé.

Si Marat n'eût pas été assassiné par Charlotte
Corday, il fût infailliblement mort tué par une
réaction de l'opinion publique. Ce qui le rendait
lépreux, c'était l'exécration des honnêtes gens, et
il devait y succomber.

La réprobation soulevée par la Saint-Barthélemy fut l'unique cause de l'horrible maladie et de
la mort de Charles IX, et Henri IV, s'il n'eût été
soutenu par une immense popularité, qu'il devait
à la puissance de projection ou à la force sympathique de sa vie astrale, Henri IV, disons-nous, n'eût
guère survécu à sa conversion, et eût péri sous le
mépris des protestants, combiné avec la défiance et
les rancunes des catholiques.

L'impopularité peut être une preuve d'intégrité et de courage, mais ce n'est jamais une

preuve de prudence ou de politique; les blessures faites à l'opinion sont mortelles pour les hommes d'État. On peut se rappeler encore la fin prématurée et violente de plusieurs hommes illustres, qu'il ne convient pas de nommer ici.

Les flétrissures devant l'opinion peuvent être de grandes injustices, mais elles n'en sont pas moins toujours des raisons d'insuccès, et souvent des arrêts de mort.

En revanche, les injustices faites à un seul homme peuvent et doivent, si on ne les répare pas, causer la perte de tout un peuple ou de toute une société : c'est ce qu'on appelle le cri du sang, car au fond de toute injustice il y a le germe d'un homicide.

C'est à cause de ces lois terribles de solidarité que le christianisme recommande tant le pardon des injures et la réconciliation. Celui qui meurt sans pardonner se jette dans l'éternité armé d'un poignard, et se dévoue aux horreurs d'un meurtre éternel.

C'est une tradition et une croyance invincible parmi le peuple que celle de l'efficacité des bénédictions ou des malédictions paternelles ou maternelles. En effet, plus les liens qui unissent deux per-

sonnes sont étroits, plus la haine entre eux est
terrible dans ses effets. Le tison d'Althée brûlant le
sang de Méléagre est, dans la mythologie, le symbole de ce pouvoir redoutable. Que les parents y
prennent garde toutefois, car on n'allume pas
l'enfer dans son propre sang et l'on ne dévoue pas
les siens au malheur sans être brûlé et malheureux soi-même. Ce n'est jamais un crime de pardonner, et c'est toujours un danger et une mauvaise action que de maudire.

9 ౿ I.

L'INITIATION.

JESOD.

BONUM.

L'initié est celui qui possède la lampe de Trismégiste, le manteau d'Apollonius et le bâton des patriarches.

La lampe de Trismégiste, c'est la raison éclairée par la science ; le manteau d'Apollonius, c'est la possession pleine et entière de soi-même, qui isole le sage des courants instinctifs ; et le bâton des patriarches, c'est le secours des forces occultes et perpétuelles de la nature.

La lampe de Trismégiste éclaire le présent, le passé et l'avenir, montre à nu la conscience des hommes, éclaire les replis du cœur des femmes. La lampe brille d'une triple flamme, le manteau se replie trois fois, et le bâton se divise en trois parties.

Le nombre neuf est celui des reflets divins : il exprime l'idée divine dans toute sa puissance abstraite, mais il exprime aussi le luxe en croyance, et par conséquent la superstition et l'idolâtrie.

C'est pourquoi Hermès en a fait le nombre de l'initiation, parce que l'initié règne sur la superstition et par la superstition, et peut seul marcher dans les ténèbres, appuyé qu'il est sur son bâton, enveloppé de son manteau et éclairé par sa lampe.

La raison a été donnée à tous les hommes, mais tous ne savent pas en faire usage; c'est une science qu'il faut apprendre. La liberté est offerte à tous, mais tous ne peuvent pas être libres; c'est un droit qu'il faut conquérir. La force est pour tous, mais tous ne savent pas s'appuyer sur elle; c'est une puissance dont il faut s'emparer.

Nous n'arrivons à rien qui ne nous coûte plus d'un effort. La destinée de l'homme est qu'il s'enrichisse de ce qu'il gagne, et qu'il ait ensuite, comme Dieu, la gloire et le plaisir de donner.

La science magique s'appelait autrefois l'art sacerdotal et l'art royal, parce que l'initiation donnait au sage l'empire sur les âmes et l'aptitude à gouverner les volontés.

La divination est aussi un des priviléges de l'initié; or, la divination n'est que la connaissance des effets contenus dans les causes et la science appliquée aux faits du dogme universel de l'analogie.

Les actes humains ne s'écrivent pas seulement

dans la lumière astrale, ils laissent aussi leurs traces sur le visage. ils modifient le port et la démarche, ils changent l'accent de la voix.

Chaque homme porte donc avec lui l'histoire de sa vie, lisible pour l'initié. Or, l'avenir est toujours la conséquence du passé, et les circonstances inattendues ne changent presque rien aux résultats rationnellement attendus.

On peut donc prédire à chaque homme sa destinée. On peut juger de toute une existence sur un seul mouvement ; une seule gaucherie présage une série de malheurs. César a été assassiné parce qu'il rougissait d'être chauve ; Napoléon est mort à Sainte-Hélène parce qu'il aimait les poésies d'Ossian ; Louis-Philippe devait quitter le trône comme il l'a quitté parce qu'il avait un parapluie. Ce sont là des paradoxes pour le vulgaire, qui ne saisit pas les relations occultes des choses ; mais ce sont des raisons pour l'initié, qui comprend tout et qui ne s'étonne de rien.

L'initiation préserve des fausses lumières du mysticisme ; elle donne à la raison humaine sa valeur relative et son infaillibilité proportionnelle, en la rattachant à la raison suprême par la chaîne des analogies.

L'initié n'a donc ni espérances douteuses, ni craintes absurdes, parce qu'il n'a pas de croyances déraisonnables ; il sait ce qu'il peut et il ne lui coûte rien d'oser. Aussi, pour lui oser c'est pouvoir.

Voici donc une nouvelle interprétation des attributs de l'initié : sa lampe représente le savoir, le manteau qui l'enveloppe représente sa discrétion, son bâton est l'emblème de sa force et de son audace. Il sait, il ose, et il se tait.

Il sait les secrets de l'avenir, il ose dans le présent, et il se tait sur le passé.

Il sait les faiblesses du cœur humain, il ose s'en servir pour faire son œuvre, et il se tait sur ses projets.

Il sait la raison de tous les symbolismes et de tous les cultes, il ose les pratiquer ou s'en abstenir sans hypocrisie et sans impiété, et il se tait sur le dogme unique de la haute initiation.

Il sait l'existence et la nature du grand agent magique, il ose faire les actes et prononcer les paroles qui le soumettent à la volonté humaine, et il se tait sur les mystères du grand arcane.

Aussi vous pouvez le voir souvent triste, jamais abattu ni désespéré ; souvent pauvre, jamais avili ni misérable ; souvent persécuté, jamais rebuté ni vaincu. Il se souvient du veuvage et du meurtre d'Orphée, de l'exil et de la mort solitaire de Moïse, du martyre des prophètes, des tortures d'Apollonius, de la croix du Sauveur ; il sait dans quel abandon mourut Agrippa, dont la mémoire est encore calomniée ; il sait à quelles fatigues succomba le grand Paracelse, et tout ce que dut souffrir Raymond Lulle pour arriver enfin à une mort sanglante. Il se souvient de Swedenborg faisant le fou ou perdant même la raison afin de faire pardonner sa science ; de Saint-Martin, qui se cacha toute sa vie ; de Cagliostro, qui mourut abandonné dans les cachots de l'inquisition ; de Cazotte, qui monta sur l'échafaud. Successeur de tant de victimes, il n'en ose pas moins, mais il comprend davantage la nécessité de se taire.

Imitons son exemple, apprenons avec persévérance ; quand nous saurons, osons et taisons-nous.

10 , K

LA KABALE.

MALCHUT.

PRINCIPIUM.

PHALLUS.

Toutes les religions ont conservé le souvenir d'un livre primitif écrit en figures par les sages des premiers siècles du monde, et dont les symboles, simplifiés et vulgarisés plus tard, ont fourni à l'Écriture ses lettres, au Verbe ses caractères, à la Philosophie occulte ses signes mystérieux et ses pantacles.

Ce livre, attribué à Hénoch, le septième maître du monde après Adam, par les Hébreux, à Hermès Trismégiste par les Égyptiens, à Cadmus, le mystérieux fondateur de la Ville-Sainte, par les Grecs, ce livre était le résumé symbolique de la tradition primitive, appelée depuis Kabbala ou Cabale, d'un mot hébreu qui est l'équivalent de tradition.

Cette tradition repose tout entière sur le dogme unique de la magie : le visible est pour nous la mesure proportionnelle de l'invisible. Or, les anciens, ayant observé que l'équilibre est, en physique, la loi universelle, èt qui résulte de l'opposition apparente de deux forces, conclurent de l'équilibre physique à l'équilibre métaphysique, et déclarèrent qu'en Dieu, c'est-à-dire dans la première cause vivante et active, on devait reconnaître deux propriétés nécessaires l'une à l'autre : la stabilité et le mouvement, la nécessité et la liberté, l'ordre rationnel et l'autonomie volitive, la justice et l'amour, et par conséquent aussi la sévérité et la miséricorde ; et ce sont ces deux attributs que les cabalistes juifs personnifient en quelque sorte sous les noms de Géburah et de Chesed.

Au-dessus de Géburah et de Chesed réside la couronne suprême, le pouvoir équilibrant, principe du monde ou du royaume équilibré, que nous trouvons désigné sous le nom de Malchut dans le verset occulte et cabalistique du *Pater* dont nous avons déjà parlé.

Mais Géburah et Chesed, maintenus en équilibre, en haut par la couronne et en bas par le royaume, sont deux principes qu'on peut considérer, soit dans leur abstraction, soit dans leur réalisation. Abstraits ou idéalisés, ils prennent les noms supérieurs de *Chocmah*, la sagesse, et de *Binah*, l'intelligence.

Réalisés, ils s'appellent la stabilité et le progrès, c'est-à-dire l'éternité et la victoire : *Hod* et *Netsah*.

Tel est, suivant la cabale, le fondement de toutes les religions et de toutes les sciences, l'idée première et immuable des choses : un triple triangle et un cercle, l'idée du ternaire expliquée par la balance multipliée par elle-même dans les domaines de l'idéal, puis la réalisation de cette idée dans les formes. Or les anciens attachèrent les notions premières de cette simple et grandiose théologie à l'idée même des nombres, et qualifièrent ainsi tous les chiffres de la décade primitive :

1. *Keter*. — La Couronne, le pouvoir équilibrant.

2. *Chocmah*. — La Sagesse, équilibrée dans son ordre immuable par l'initiative de l'intelligence.

3. *Binah*. — L'Intelligence active, équilibrée par la Sagesse.

4. *Chesed*. — La Miséricorde, seconde conception de la Sagesse, toujours bienveillante, parce qu'elle est forte

5. *Geburah*. — La Rigueur nécessitée par la Sagesse même et par la bonté. Souffrir le mal, c'est empêcher le bien.

6. *Tiphereth*. — La Beauté, conception lumineuse de l'équilibre dans les formes, l'intermédiaire entre la couronne et le royaume, le principe médiateur entre le créateur et la création. (Quelle sublime idée ne trouvons-nous pas ici de la poésie et de son souverain sacerdoce !)

7. *Netsah*. — La Victoire, c'est-à-dire le triomphe éternel de l'intelligence et de la justice.

8. *Hod*. — L'Éternité des victoires de l'esprit sur la matière, de l'actif sur le passif, de la vie sur la mort.

9. *Iesod*. — Le Fondement, c'est-à-dire la base de toute croyance et de toute vérité, c'est ce que nous appelons en philosophie l'ABSOLU.

10. *Malchut* ou *Malkout*. — Le Royaume, c'est l'univers, c'est la création tout entière, l'œuvre et le miroir de Dieu, la preuve de la raison suprême

la conséquence formelle qui nous force de remonter aux prémisses virtuelles, l'énigme dont le mot
est Dieu, c'est-à-dire : raison suprême et absolue.

Ces dix notions premières attachées aux dix premiers caractères de l'alphabet primitif, signifiant
à la fois des principes et des nombres, sont ce que
les maîtres de la Cabale appellent les dix Séphiroth.

Le tétragramme sacré, tracé de cette manière,

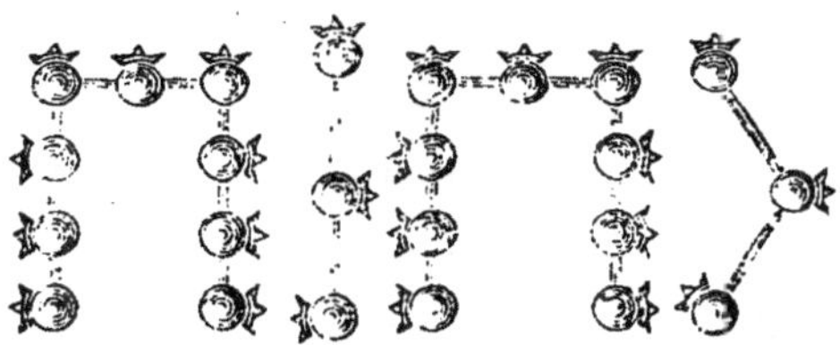

indique le nombre, la source et le rapport des noms
divins. C'est au nom de Iotchavah, écrit avec ces
vingt-quatre signes couronnés d'un triple fleuron
de lumière, qu'il faut rapporter les vingt-quatre
trônes du ciel et les vingt-quatre vieillards couronnés de l'*Apocalypse*. En Cabale, le principe occulte
se nomme le vieillard, et ce principe multiplié et
comme reflété dans les causes secondes crée ses
images, c'est-à-dire autant de vieillards qu'il y a de

conceptions diverses de son unique essence. Ces images, moins parfaites en s'éloignant de leur source, jettent dans les ténèbres un dernier reflet ou une dernière lueur qui représente un vieillard horrible et défiguré : c'est ce qu'on appelle vulgairement le diable. Aussi un initié a-t-il osé dire : « Le diable, c'est Dieu compris par les méchants » ; et un autre, en termes plus étranges, mais non moins énergiques, a ajouté : « Le diable est formé de déchirures de Dieu. » Nous pourrions résumer et expliquer ces assertions si nouvelles en faisant remarquer que, dans le symbolisme même, le démon est un ange tombé du ciel pour avoir voulu usurper la divinité. Ceci appartient au langage allégorique des prophètes et des légendaires. Philosophiquement parlant, le diable est une idée humaine de la divinité surpassée et dépossédée du ciel par le progrès de la science et de la raison. Moloch, Adramelek, Baal, ont été, chez les Orientaux primitifs, les personnifications du dieu unique, déshonorées par des attributs barbares. Le dieu des jansénistes, créant pour l'enfer la majorité des humains et se complaisant aux tortures éternelles de ceux qu'il n'a pas voulu sauver, est une conception encore plus barbare que celle de Moloch :

aussi le dieu des jansénistes est-il déjà, pour les
chrétiens sages et éclairés, un véritable Satan
tombé du ciel.

Les cabalistes, en multipliant les noms divins,
les ont tous rattachés ou à l'unité du tétragramme,
ou à la figure du ternaire, ou à l'échelle séphirique
de la décade : ils tracent ainsi l'échelle des noms
et des nombres divins :

יה
שדי
יהוה
אלהים
אלויהים
אראריתא
אל והודעת
אלהים גיבר
אלהים צבאות

triangle qu'on peut traduire ainsi en lettres ro-
maines :

J
JA
SDI
JEHV
ELOIM
SABAOT
ARARITA
ELVEDAAT
ELIM GIBOR
ELIM SABAOT

L'ensemble de tous ces noms divins formés de

l'unique tétragramme, mais en dehors du tétragramme même, est une des bases du Rituel hébreu,
et compose la force occulte que les rabbins cabalistes invoquent sous le nom de Semhamphoras.

Nous avons à parler ici des Tarots au point de
vue cabalistique. Nous avons déjà indiqué la source
occulte de leur nom. Ce livre hiéroglyphique se
compose d'un alphabet cabalistique et d'une roue
ou cercle de quatre décades, spécifiées par quatre
figures symboliques et typiques, ayant chacune
pour rayon une échelle de quatre figures progres-
sives représentant l'Humanité : homme, femme,
jeune homme et enfant ; maître, maîtresse, com-
battant et valet. Les vingt-deux figures de l'alphabet
représentent d'abord les treize dogmes, puis les
neuf croyances autorisées de la religion hébraïque,
religion forte et fondée sur la plus haute raison.

Voici la clef religieuse et cabalistique du Tarot,
exprimée en vers techniques à la manière des
anciens législateurs :

1 א Tout annonce une cause active, intelligente.
2 ב Le nombre sert de preuve à l'unité vivante.
3 ג Rien ne peut limiter celui qui contient tout.
4 ד Seul, avant tout principe, il est présent partout.
5 ה Comme il est le seul maître, il est seul adorable.

6 ו Il révèle aux cœurs purs son dogme véritable.

7 ז Mais il faut un seul chef aux œuvres de la foi,

8 ח C'est pourquoi nous n'avons qu'un autel, qu'une loi ;

9 ט Et jamais l'Éternel n'en changera la base.

10 י Des cieux et de nos jours il règle chaque phase.

11 כ Riche en miséricorde et puissant pour punir,

12 ל Il promet à son peuple un roi dans l'avenir.

13 מ La tombe est le passage à la terre nouvelle,

   La mort seule finit, la vie est immortelle.

   Tels sont les dogmes purs, immuables sacrés ;
   Complétons maintenant les nombres révérés.

14 נ Le bon ange est celui qui calme et qui tempère.

15 ס Le mauvais est l'esprit d'orgueil et de colère.

16 ע Dieu commande à la foudre et gouverne le feu.

17 פ Vesper et sa rosée obéissent à Dieu.

18 צ Il place sur nos tours la lune en sentinelle.

19 ק Son soleil est la source où tout se renouvelle.

20 ר Son souffle fait germer la poudre des tombeaux

0
ou ש Où les mortels sans frein descendent par troupeaux.
21

21
ou ת Sa couronne a couvert le propitiatoire,
22

   Et sur les chérubins il fait planer sa gloire.

A l'aide de cette explication, purement dogmatique, on peut déjà comprendre les figures de

l'alphabet cabalistique du Tarot. Ainsi la figure n° 1, appelée le Bateleur, représente le principe actif dans l'unité de l'autotélie divine et humaine ; le n° 2, appelé vulgairement. la Papesse, figure l'unité dogmatique fondée sur les nombres, c'est la Cabale ou la Gnose personnifiée ; le n° 3 représente la Spiritualité divine sous l'emblème d'une femme ailée qui tient d'une main l'aigle apocalyptique, et, de l'autre, le monde suspendu au bout de son sceptre. Les autres figures sont aussi claires et aussi facilement explicables que ces premières.

Venons maintenant aux quatre signes, c'est-à-dire aux Bâtons, aux Coupes, aux Épées et aux Cercles ou Pantacles, vulgairement appelés Deniers. Ces figures sont les hiéroglyphes du tétragramme : ainsi, le Bâton, c'est le phallus des Égyptiens ou le jod des Hébreux ; la Coupe, c'est le cteïs ou le hé primitif ; l'Épée, c'est la conjonction des deux ou le lingam, figuré dans l'hébreu antérieur à la captivité par le vau, et le Cercle ou Pantacle, image du monde, est le hé final du nom divin.

Maintenant, prenons un Tarot et réunissons quatre par quatre toutes les pages formant la Roue ou ROTA de Guillaume Postel ; mettons ensemble

les quatre as, les quatre deux, etc., et nous aurons
dix paquets de cartes donnant l'explication hiéroglyphique du triangle des noms divins sur l'échelle
du dénaire que nous avons donné plus haut. On
pourra donc les lire ainsi, en rapportant chaque
nombre au Sephirot correspondant:

יהוה

Quatre signes du nom qui contient tous les noms.

1 Keter.

Les quatre as.

La couronne de Dieu porte quatre fleurons.

2 Chocmah.

Les quatre deux.

Sa sagesse s'épanche et forme quatre fleuve:

3 Binah.

Les quatre trois.

De son intelligence il donne quatre preuves.

4 Chesed.

Les quatre quatre

De la miséricorde il est quatre bienfaits.

5 Geburah.

Les quatre cinq.

Sa rigueur quatre fois punit quatre forfaits

6 Tiphereth.

Les quatre six.

Par quatre rayons purs sa beauté se révèle.

7 Netsah.

Les quatre sept.

Célébrons quatre fois sa victoire éternelle.

8 Hod.

Les quatre huit.

Quatre fois il triomphe en son éternité.

9 Iesod.

Les quatre neuf.

Sur quatre fondements son trône est supporté.

10 Malchut.

Les quatre dix.

Son unique royaume est quatre fois le même
Et conforme aux fleurons du divin diadème.

On voit par cet arrangement si simple le sens cabalistique de chaque lame. Ainsi, par exemple,

le cinq de bâton signifie rigoureusement geburah
de Jod, c'est-à-dire justice du Créateur ou colère
de l'homme; le sept de coupe signifie victoire de
la miséricorde ou triomphe de la femme; le huit
d'épée signifie conflit ou équilibre éternel; et ainsi
des autres. On peut comprendre ainsi comment
s'y prenaient les anciens pontifes pour faire parler
cet oracle : les lames jetées au sort donnaient toujours un sens cabalistique nouveau, mais rigoureusement vrai dans sa combinaison, qui seule était
fortuite; et, comme la foi des anciens n'accordait
rien au hasard, ils lisaient les réponses de la Providence dans les oracles du Tarot, qu'on appelait
chez les Hébreux Théraph ou Théraphims, comme
l'a pressenti le premier le savant cabaliste Gaffarel,
l'un des magiciens attitrés du cardinal de Richelieu.

Quant aux figures, voici un dernier distique
pour les expliquer :

Roi, Dame, Cavalier, Valet.

Époux, jeune homme, enfant, toute l'humanité,
Par ces quatre échelons, remonte à l'unité.

Nous donnerons à la fin du Rituel d'autres détails et des documents complets sur le merveilleux

livre du Tarot, et nous démontrerons qu'il est le livre primitif, la clef de toutes les prophéties et de tous les dogmes, en un mot le livre inspirateur de livres inspirés, ce que n'ont pressenti ni Court de Gebelin dans sa science, ni Alliette ou Eteilla dans ses singulières intuitions.

Les dix séphirots et les vingt-deux tarots forment ce que les cabalistes appellent les trente-deux voies de la science absolue. Quant aux sciences particulières, ils les divisent en cinquante chapitres, qu'ils nomment les cinquante portes (on sait que porte signifie gouvernement ou autorité chez les Orientaux). Les rabbins divisent aussi la cabale en Bereschit, ou Genèse universelle, et Mercavah, ou chariot d'Ezéchiel; puis, de deux manières d'interpréter les alphabets cabalistiques ils forment deux sciences, nommées la Gématrie et la Temurah, et en composent l'art notoire, qui n'est autre chose au fond que la science complète des signes du Tarot et leur application complexe et variée à la divination de tous les secrets, soit de la philosophie, soit de la nature, soit même de l'avenir. Nous en reparlerons au vingtième chapitre de cet ouvrage.

11 ꝛ L

LA CHAINE MAGIQUE.

MANUS.

LA FORCE.

Le grand agent magique que nous avons appelé lumière astrale, que d'autres nomment âme de la terre, que les anciens chimistes désignaient sous les noms d'Azoth et de Magnésie, cette force occulte, unique et incontestable, est la clef de tous les empires, le secret de toutes les puissances; c'est le dragon volant de Médée, le serpent du mystère Édenique; c'est le miroir universel des visions, le nœud des sympathies, la source des amours, de la prophétie et de la gloire. Savoir s'emparer de cet agent, c'est être dépositaire de la puissance même de Dieu; toute la magie réelle, effective, toute la vraie puissance occulte est là, et tous les livres de la vraie science n'ont d'autre but que de le démontrer.

Pour s'emparer du grand agent magique deux opérations sont nécessaires : concentrer et projeter; en d'autres termes, fixer et mouvoir.

L'auteur de toutes choses a donné pour base et pour garantie au mouvement la fixité; le mage doit agir de même.

L'enthousiasme est contagieux, dit-on. Pourquoi? C'est que l'enthousiasme ne se produit pas sans croyances arrêtées. La foi produit la foi; croire, c'est avoir une raison de vouloir; vouloir avec raison, c'est vouloir avec une force, je ne dirai pas infinie, mais indéfinie.

Ce qui s'opère dans le monde intellectuel et moral s'accomplit à plus forte raison dans le monde physique; et, lorsque Archimède demandait un point d'appui pour soulever le monde, il cherchait tout simplement le grand arcane magique.

Sur l'un des bras de l'androgyne de Henri Kunrath on lit ce mot : COAGULA, et sur l'autre : SOLVE.

Rassembler et répandre sont les deux verbes de la nature; mais comment rassembler, comment répandre la lumière astrale ou l'âme du monde?

On rassemble par l'isolement, et l'on répand au moyen de la chaîne magique.

L'isolement consiste pour la pensée dans une indépendance absolue, pour le cœur dans une liberté entière, pour les sens dans une continence parfaite.

Tout homme qui a des préjugés et des craintes, tout individu passionné et esclave de ses passions, est incapable de rassembler ou de coaguler, suivant l'expression de Khunrath, la lumière astrale ou l'âme de la terre.

Tous les vrais adeptes ont été indépendants jusqu'au supplice, sobres et chastes jusqu'à la mort ; et la raison de cette anomalie, c'est que, pour disposer d'une force, il né faut pas être pris par cette force de manière qu'elle dispose de vous.

Mais alors, vont s'écrier les hommes qui cherchent dans la magie un moyen de contenter merveilleusement les convoitises de la nature, à quoi sert une puissance dont on ne peut pas user pour se satisfaire? Pauvres gens qui le demandez, si je vous le dis, comment le comprendrez-vous? Les perles ne sont-elles donc rien, parce qu'elles n'ont aucun prix pour le troupeau d'Épicure? Curtius ne trouvait-il pas plus beau de commander à ceux qui ont de l'or que d'en avoir soi-même? Ne faut-il pas être un peu plus qu'un homme ordinaire lorsqu'on a la prétention d'être presque Dieu? D'ailleurs, je regrette de vous affliger ou de vous décourager, mais je n'invente pas ici les hautes sciences; je les enseigne et j'en constate les rigoureuses nécessités, en posant leurs premières et leurs plus inexorables conditions.

Pythagore était un homme libre, sobre et chaste; Apollonius de Thyane, Julien-César, ont été des hommes d'un effrayante austérité; Paracelse faisait douter de son sexe, tant il était étranger aux faiblesses amoureuses; Raymond Lulle poussait les rigueurs de la vie jusqu'à l'ascétisme le plus exalté; Jérôme Cardan exagéra la pratique du jeûne au point de mourir de faim, si l'on en croit la tradition; Agrippa, pauvre et courant de ville en ville, mourut presque de misère, plutôt que de subir les caprices d'une princesse qui insultait à la liberté de la science. Quel a donc été le bonheur de ces hommes? L'intelligence des grands secrets et la conscience du pouvoir. C'était assez pour ces grandes âmes. Faut-il être comme eux pour savoir ce qu'ils ont su? Non certainement, et ce livre que j'écris en est peut-être la preuve; mais, pour faire ce qu'ils ont fait, il est absolument nécessaire de prendre les moyens qu'ils ont pris.

Mais qu'ont-ils réellement fait? Ils ont étonné et subjugué le monde, ils ont régné plus véritablement que des rois. La magie est un instrument de bonté divine ou de diabolique orgueil, mais c'est la mort des joies de la terre et des plaisirs de la vie mortelle.

Alors à quoi bon l'étudier? diront les viveurs.

— Tout simplement pour la connaître, et puis peut-être aussi pour apprendre à se défier de l'incrédulité stupide ou de la crédulité puérile. Hommes de plaisir (et comme moitié de ces hommes-là je ° compte pour beaucoup de femmes), n'est-ce pas un plaisir très grand que celui de la curiosité satisfaite? Lisez donc sans crainte, vous ne deviendrez pas magiciens malgré vous.

D'ailleurs ces dispositions de renoncement absolu ne sont nécessaires que pour établir les courants universels et changer la face du monde; il est des opérations magiques relatives et bornées à un certain cercle, qui ne demandent pas d'aussi héroïques vertus. On peut agir sur les passions par les passions, déterminer les sympathies ou les antipathies, affliger même et guérir, sans avoir la toute-puissance du mage; il faut seulement être prévenu du risque qu'on peut courir d'une réaction proportionnelle à l'action et dont on pourrait facilement être victime. Tout ceci sera expliqué dans le Rituel.

Faire la chaîne magique, c'est établir un cou-

rant magnétique, qui devient plus fort en raison
de l'étendue de la chaîne. Nous verrons dans le
Rituel comment ces courants peuvent se produire
et quelles sont les différentes manières de former
la chaîne. Le baquet de Mesmer était une chaîne
magique assez imparfaite; plusieurs grands cer-
°cles d'illuminés, dans différents pays du Nord, ont
des chaînes plus puissantes. La société même de
certains prêtres catholiques célèbres par leur puissance occulte et leur impopularité est établie sur ie
plan et suivant les conditions des chaînes magiques
les plus puissantes, et c'est le secret de leur force,
qu'ils attribuent uniquement à la grâce ou à la
volonté de Dieu, solution vulgaire et facile de tous
les problèmes de force en influence ou en entraînement. Nous aurons à apprécier, dans notre Rituel,
la série de cérémonies et d'évocations véritablement magiques qui composent le grand œuvre de
la vocation sous le nom d'exercices de saint
Ignace.

Tout enthousiasme propagé dans une société,
par une suite de communications et de pratiques
arrêtées, produit un courant magnétique et se
conserve ou s'augmente par le courant. L'action
du courant est d'entraîner et d'exalter souvent

outre mesure les personnes impressionnables et
faibles, les organisations nerveuses, les tempéra-
ments disposés à l'hystérisme ou aux hallucinations. Ces personnes deviennent bientôt de puis-
sants véhicules de la force magique, et projettent
avec force la lumière astrale dans la direction
même du courant; s'opposer alors aux manifestations de la force, ce serait en quelque manière
combattre la fatalité. Lorsque le jeune pharisien
Saül ou Schôl vint se jeter, avec tout le fanatisme
et tout l'entêtement d'un sectaire, en travers du
christianisme envahissant, il se mettait lui-même,
à son insu, à la merci de la puissance qu'il croyait
combattre; aussi fut-il foudroyé par un formidable
éclair magnétique, rendu plus instantané sans
doute par l'effet combiné d'une congestion céré-
brale et d'une brûlure solaire. La conversion du
jeune israélite Alphonse de Ratisbonne est un fait
contemporain absolument de même nature. Nous
connaissons telle secte d'enthousiastes dont on rit
à distance et dans laquelle on s'enrôle malgré soi
dès qu'on s'en approche, même pour la combattre.
Je dirai plus, les cercles magiques et les courants
magnétiques s'établissent d'eux-mêmes et influencent suivant des lois fatales ceux qu'ils soumettent

à leur action. Chacun de nous est attiré dans un cercle de relations qui est son monde et dont il subit l'influence. Jean-Jacques Rousseau, ce législateur de la révolution française, cet homme que la nation la plus spirituelle du monde accepta comme l'incarnation de la raison humaine, Jean-Jacques Rousseau fut entraîné à la plus triste action de sa vie, l'abandon de ses enfants, par l'influence magnétique d'un cercle de libertins et par un courant magique de table d'hôte. Il le raconte simplement et naïvement dans ses *Confessions*, et c'est un fait que personne n'a remarqué. Ce sont les grands cercles souvent qui font les grands hommes, et réciproquement. Il n'y a pas de génies incompris; il y a des hommes *excentriques*, et le mot semble avoir été inventé par un adepte. L'homme excentrique en génie est celui qui cherche à se former un cercle en luttant contre la force d'attraction centrale des chaînes et des courants établis. Sa destinée est d'être brisé dans la lutte ou de réussir. Quelle est la double condition de la réussite en pareil cas? Un point central de fixité et une action circulaire persévérante d'initiative. L'homme de génie est celui qui a découvert une loi réelle, et qui par conséquent possède une

force invincible d'action et de direction. Il peut
mourir à l'œuvre ; mais ce qu'il a voulu s'accomplit malgré sa mort, et souvent même à cause de
sa mort : car la mort est une véritable assomption
pour le génie. Quand je m'élèverai de terre, disait
le plus grand des initiateurs, j'entraînerai tout
après moi.

La loi des courants magnétiques est celle du
mouvement même de la lumière astrale. Ce mouvement est toujours double et se multiplie en sens
contraïre. Une grande action prépare toujours une
réaction égale, et le secret des grands succès est
tout entier dans la prescience des réactions C'est
ainsi que Chateaubriand, inspiré par le dégoût des
saturnales révolutionnaires, pressentit et prépara
l'immense succès de son *Génie du christianisme.*
S'opposer à un courant qui commence son cercle,
c'est vouloir être brisé comme le fut le grand et
infortuné empereur Julien ; s'opposer au courant
qui a parcouru tout le cercle de son action, c'est
prendre la tête du courant contraire. Le grand
homme, c'est celui qui arrive à temps et qui sait
innover à propos. Voltaire, du temps des apôtres,
n'eût pas trouvé d'échos pour sa parole, et n'eût
été peut-être qu'un parasite ingénieux des festins

de Trimalcyon. A l'époque où nous vivons, tout est prêt pour une nouvelle explosion de l'enthousiasme évangélique et du désintéressement chrétien, précisément à cause du désenchantement universel, du positivisme égoïste et du cynisme public des intérêts les plus grossiers. Le succès de certains livres et les tendances mystiques des esprits sont des symptômes non équivoques de cette disposition générale. On restaure les églises et l'on en bâtit de nouvelles ; plus on se sent vide de croyances, plus on en espère ; le monde entier attend encore une fois le Messie, et il ne peut tarder à venir. Qu'il se trouve, par exemple, un homme haut placé par son rang ou par sa fortune, un pape, un roi, ou même un juif millionnaire, et que cet homme sacrifie publiquement et solennellement tous ces intérêts matériels au salut de l'humanité, qu'il se fasse le rédempteur des pauvres, le propagateur et même la victime des doctrines de dévouement et de charité, et il se fera autour de lui un concours immense, et il se produira un bouleversement moral complet dans le monde. Mais la haute position du personnage est avant tout nécessaire, car, dans nos temps de misère et de charlatanisme, tout Verbe venu d'en bas est suspect d'am-

bition et de fourberie intéressée. Vous donc qui
n'êtes rien et qui n'avez rien, n'espérez être ni des
apôtres ni des messies. Avez-vous la foi et voulez-
vous agir en raison de votre foi, arrivez d'abord
aux moyens d'action, qui sont l'influence du rang
et le prestige de la fortune. Autrefois on faisait de
l'or avec la science, aujourd'hui il faut refaire la
science avec de l'or. On a fixé le volatil, il faut
volatiliser le fixe ; en d'autres termes, on a matérialisé l'esprit, il faut venir maintenant à spiritua-
liser la matière. La parole la plus sublime n'est pas
écoutée de nos jours, si elle ne se produit pas sous
la garantie d'un nom, c'est-à-dire d'un succès qui
représente une valeur matérielle. Combien vaut un
manuscrit? Ce que vaut en librairie la signature de
l'auteur. La raison sociale Alex. Dumas et Cie, par
exemple, représente une des garanties littéraires
de notre époque ; mais la maison Dumas ne vaut
que pour ces produits habituels : les romans. Que
Dumas trouve une magnifique utopie ou une solution admirable du problème religieux, on ne con-
sidèrera ses découvertes que comme des caprices
amusants du romancier, et personne ne les prendra
au sérieux, malgré la célébrité européenne du
Panurge de la littérature moderne. Nous sommes

dans le siècle des positions acquises : chacun vaut
en raison de ce qu'il est socialement et commer-
cialement parlant. La liberté illimitée de la parole
a produit un tel conflit de discours, qu'on ne
demande plus aujourd'hui : Que dit-on? mais :
Qui a dit cela? Si c'est Rothschild, ou sa sainteté
Pie IX, ou même monseigneur Dupanloup, c'est
quelque chose. Si c'est Tartempion, Tartempion
fût-il d'ailleurs (ce qui est possible après tout) un
prodige encore ignoré de génie, de science et de
bon sens, ce n'est rien.

A ceux donc qui me diraient : Si tu as le secret
des grands succès et de la force qui peut changer
le monde, pourquoi ne t'en sers-tu pas? je répon-
drais : Cette science m'est venue trop tard pour
moi-même, et j'ai perdu, pour l'acquérir, le temps
et les ressources qui m'auraient mis à même, peut-
être, d'en faire usage ; mais je l'offre à ceux
qui sont en position de s'en servir. Hommes
illustres, riches, grands du monde, qui n'êtes pas
satisfaits de ce que vous avez, et qui vous sentez
au cœur une ambition plus noble et plus vaste,
voulez-vous être les pères d'un monde nouveau,
les rois d'une civilisation rajeunie? Un savant
pauvre et obscur a retrouvé le levier d'Archi-

mède, et il vous l'offre pour le seul bien de l'humanité, sans rien vous demander en échange.

Les phénomènes qui tout dernièrement ont agité l'Amérique et l'Europe à propos des tables parlantes et des manifestations fluidiques ne sont autre chose que des courants magnétiques qui commencent à se former, et des sollicitations de la nature qui nous invite, pour le salut de l'humanité, à reconstituer de grandes chaînes sympathiques et religieuses. En effet, la stagnation de la lumière astrale serait la mort du genre humain, et les torpeurs de cet agent secret se sont déjà manifestées par d'effrayants symptômes de décomposition et de mort. Le choléra-morbus, par exemple, les maladies des pommes de terre et du raisin, n'ont pas une autre cause, comme l'ont obscurément et symboliquement vu en songe les deux pastoureaux de la Salette.

La foi inattendue qu'a trouvée leur récit, et le concours immense de pèlerins déterminé par un récit aussi singulier et aussi vague que celui de ces deux enfants sans instruction et presque sans moralité, sont des preuves de la réalité magnétique du fait et de la tendance fluidique de la terre elle-même à opérer la guérison de ses habitants.

Les superstitions sont instinctives, et tout ce qui est instinctif a une raison d'être dans la nature même des choses : c'est à cela que les sceptiques de tous les temps n'ont pas assez réfléchi.

Nous attribuons donc tous les faits étranges du mouvement des tables à l'agent magnétique universel, qui cherche une chaîne d'enthousiasmes pour former de nouveaux courants. C'est une force aveugle par elle-même, mais qui peut être dirigée par la volonté des hommes et qui est influencée par les opinions courantes. Ce fluide universel, si l'on veut que ce soit un fluide, étant le milieu commun de tous les organismes nerveux et le véhicule de toutes les vibrations sensitives, établit, entre les personnes impressionnables, une véritable solidarité physique, et transmet des unes aux autres les impressions de l'imagination et de la pensée. Le mouvement de la chose inerte, déterminé par les ondulations de l'agent universel, obéit donc à l'impression dominante, et reproduit dans ses révélations tantôt toute la lucidité des songes les plus merveilleux, tantôt toute la bizarrerie et tout le mensonge des rêves les plus incohérents et les plus vagues.

Les coups frappés sur les meubles, l'agitation

bruyante de la vaisselle, les instruments de musique jouant d'eux-mêmes, sont des illusions produ-
duites par les mêmes causes. Les miracles des convulsionnaires de Saint-Médard étaient du même
ordre et semblaient souvent interrompre' les lois
de la nature. Exagération, d'une part, produite par
la fascination qui est l'ivresse spéciale occasionnée
par les congestions de lumière astrale ; et de l'autre, oscillations ou mouvements réels imprimés à
la matière inerte par l'agent universel et subtil du
mouvement et de la vie : voilà tout ce qu'il y avait
au fond de ces choses si merveilleuses, comme on
pourra facilement s'en convaincre en reproduisant
à volonté, par les moyens indiqués au Rituel, les
plus étonnants de ces prestiges, et en constatant
l'absence, aisément appréciable, de supercherie,
d'hallucination ou d'erreur.

Il m'est arrivé plusieurs fois, à la suite d'expériences de chaîne magique faites avec des personnes sans bonne intention et sans sympathie, d'être
éveillé en sursaut, la nuit, par des impressions et
des contacts véritablement effrayants. Une nuit,
entre autres, je sentis réellement la pression d'une
main qui m'étranglait ; je me levai, j'allumai ma
lampe, et je me mis tranquillement à travailler

pour utiliser mon insomnie et chasser les fantômes
du sommeil. Alors des livres se déplaçaient près de
moi avec bruit, les papiers s'agitaient et se frottaient
les uns contre les autres, les boiseries craquaient
comme si elles allaient se fendre, et des coups
sourds étaient frappés dans le plafond. J'observais
avec curiosité, mais avec tranquillité, tous ces phénomènes, qui n'en étaient pas moins merveilleux si
mon imagination seule en faisait les frais, tant il y
avait de réalité dans leurs apparences. D'ailleurs je
viens de dire que je n'étais nullement effrayé, et
que je m'occupais de toute autre chose que des
sciences occultes au moment où ils se produisaient.

C'est par le retour de semblables faits que je
fus amené à tenter des expériences d'évocation
à l'aide du cérémonial magique des anciens, et
que j'obtins les résultats vraiment extraordinaires que je constaterai au treizième chapitre
de cet ouvrage.

12 ♄ M

LE GRAND OEUVRE.

DISCITE.

CRUX.

Le grand œuvre, c'est, avant toute chose, la création de l'homme par lui-même, c'est-à-dire la conquête pleine et entière qu'il fait de ses facultés et de son avenir; c'est surtout l'émancipation parfaite de sa volonté, qui lui assure l'empire universel de l'Azoth et le domaine de la Magnésie, c'est-à-dire un plein pouvoir sur l'agent magique universel.

Cet agent magique, que les anciens philosophes hermétiques ont déguisé sous le nom de matière première, détermine des formes de la substance modifiable, et l'on peut réellement arriver par son moyen à la transmutation métallique et à la médecine universelle. Ceci n'est pas une hypothèse, c'est un fait scientifique déjà éprouvé et rigoureusement démontrable.

Nicolas Flamel et Raymond Lulle, pauvres tous deux, ont évidemment distribué des richesses immenses. Agrippa n'est jamais arrivé qu'à la première partie du grand œuvre, et il est mort à la peine, luttant pour se posséder uniquement lui-même et fixer son indépendance.

Il y a donc deux opérations hermétiques : l'une spirituelle, l'autre matérielle, et qui dépendent l'une de l'autre.

Toute la science hermétique est d'ailleurs contenue dans le dogme d'Hermès gravé primitivement, dit-on, sur une table d'émeraude. Nous en avons déjà expliqué les premiers articles ; voici ceux qui se rapportent à l'opération du grand œuvre :

« Tu sépareras la terre du feu, le subtil de l'épais, doucement, avec grande industrie.

» Il monte de la terre au ciel, et derechef il descend en terre, et il reçoit la force des choses supérieures et inférieures.

» Tu auras par ce moyen la gloire de tout le monde, et pour cela toute obcurité s'enfuira de toi.

» C'est la force forte de toute force, car elle vaincra toute chose subtile et pénétrera toute chose solide.

» Ainsi le monde a été créé. »

Séparer le subtil de l'épais, dans la première opération, qui est tout intérieure, c'est affranchir son âme de tout préjugé et de tout vice : ce qui se fait par l'usage du sel philosophique, c'est-à-dire de la sagesse ; du mercure, c'est-à-dire de l'habileté personnelle et du travail ; puis enfin du soufre, qui représente l'énergie vitale et la chaleur de la volonté. On arrive par ce moyen à changer en or spirituel les choses même les moins précieuses, et jusqu'aux immondices de la terre. C'est en ce sens qu'il faut entendre les paraboles de la tourbe des philosophes, de Bernard le Trévisan, de Basile Valentin, de Marie l'Égyptienne et des autres prophètes de l'alchimie ; mais dans leurs œuvres, comme dans le grand œuvre, il faut séparer habilement le subtil de l'épais, le mystique du positif, l'allégorie de la théorie. Si on veut les lire avec plaisir et avec intelligence, il faut d'abord les entendre allégoriquement dans leur entier, puis descendre des allégories aux réalités par la voie des correspondances ou analogies indiquées dans le dogme unique:

Ce qui est en haut est comme ce qui est en bas, et réciproquement.

Le mot ART retourné, ou lu à la manière des écritures sacrées et primitives, c'est-à-dire de droite à gauche, exprime, par trois initiales, les différents degrés du grand œuvre. T signifie ternaire, théorie et travail ; R, réalisation ; A, adaptation. Nous donnerons, au douzième chapitre du Rituel, les recettes des grands maîtres pour l'adaptation, et spécialement celle qui est contenue dans la forteresse hermétique d'Henri Khunrath.

Nous signalons ici aux recherches de nos lecteurs un admirable traité attribué à Hermès Trismégiste, et qui porte le titre de *Minerva mundi*. Ce traité se trouve seulement dans quelques éditions d'Hermès, et contient, sous des allégories pleines de poésie et de profondeur, le dogme de la création des êtres par eux-mêmes, ou de la loi de création qui résulte de l'accord de deux forces, de celles que les alchimistes appelaient le fixe et le volatil, et qui sont, dans l'absolu, la nécessité et la liberté. On y explique la diversité des formes répandues dans la nature par la diversité des esprits, et les monstruosités par la divergence des efforts. La lecture et la méditation de cet ouvrage sont indispensables à tous les adeptes qui veulent approfondir les mystères de la nature et se livrer sérieusement à la recherche du grand œuvre.

Quand les maîtres en alchimie disent qu'il faut

peu de temps et peu d'argent pour accomplir les œuvres de la science, lorsqu'ils affirment surtout qu'un seul vase est nécessaire, lorsqu'ils parlent du grand et unique athanor que tous peuvent mettre en usage, qui est sous la main de tout le monde et que les hommes possèdent sans le savoir, ils font allusion à l'alchimie philosophique et morale. En effet, une volonté forte et décidée peut arriver en peu de temps à l'indépendance absolue, et nous possédons tous l'instrument chimique, le grand et unique athanor qui sert à séparer le subtil de l'épais et le fixe du volatil. Cet instrument, complet comme le monde, et précis comme les mathématiques elles-mêmes, est désigné par les sages sous l'emblème du pentagramme ou de l'étoile à cinq pointes, qui est le signe absolu de l'intelligence humaine. J'imiterai les sages en ne les nommant point : il est trop facile de le deviner.

La figure du Tarot qui correspond à ce chapitre a été mal comprise par Court de Gebelin et par Eteilla, qui ont cru y voir seulement une erreur commise par un cartier allemand. Cette figure représente un homme, les mains liées derrière le dos, deux sacs d'argent attachés aux aisselles, et pendu par un pied à une potence composée de deux

troncs d'arbre ayant chacun la racine de six
branches coupées et d'une traverse complétant la
figure du Tau hébreu ת ; les jambes du patient sont
croisées et ses coudes forment un triangle avec sa
tête. Or le triangle surmonté d'une croix signifie,
en alchimie, la fin et la perfection du grand œuvre,
signification identique avec celle de la lettre ת , qui
est la dernière de l'alphabet sacré.

Ce pendu c'est donc l'adepte, lié par ses engage-
ments, spiritualisé ou les pieds tournés vers le ciel ;
c'est aussi l'antique Prométhée, subissant dans une
torture immortelle la peine de son glorieux larcin.
C'est vulgairement Judas le traître, et son supplice
menace les révélateurs du grand arcane. Enfin,
pour les cabalistes juifs, ce pendu, qui correspond
à leur douzième dogme, celui du Messie promis,
est une protestation contre le Sauveur reconnu
par les chrétiens, et ils semblent lui dire encore :
Comment sauverais-tu les autres, toi qui n'as pu
te sauver toi-même ?

Dans le Sepher-Toldos-Jeschu, compilation rab-
binique antichrétienne, on trouve une singulière
parabole : Jeschu, dit le rabbin auteur de la légende, voyageait avec Simon Barjona et Judas
l'Iscariote. Ils arrivèrent tard et fatigués à une

maison isolée ; ils avaient très faim et ne trouvèrent
à manger qu'une jeune oie fort petite et très maigre.
C'était trop peu pour trois personnes; la partager
c'eût été aiguillonner seulement la faim sans la
satisfaire. Ils convinrent de la tirer au sort; mais,
comme ils tombaient de sommeil : Allons dormir
d'abord, dit Jeschu, pendant qu'on préparera le
souper ; à notre réveil nous nous raconterons nos
songes, et celui qui aura fait le plus beau rêve
mangera tout seul la petite oie. Ainsi fut fait. Ils
dorment et se réveillent. Moi, dit saint Pierre, j'ai
rêvé que j'étais le vicaire de Dieu. Moi, dit Jeschu,
que j'étais Dieu même. Et moi, reprit hypocrite-
ment Judas, j'ai rêvé qu'étant somnambule je me
relevais, je descendais doucement, je retirais
l'oie de la broche et je la mangeais. Là-dessus on
descendit; mais l'oie avait effectivement disparu :
Judas avait rêvé tout éveillé (1).

Cette légende est une protestation du positivisme
juif contre le mysticisme chrétien. En effet, pendant que les croyants se livraient à de beaux rêves,

____

(1) Cette anecdote se trouve, non dans le texte même du
Sepher Toldos Jeschut, mais dans les commentaires rabbini-
ques de cet ouvrage.

l'Israélite proscrit, le Judas de la civilisation chrétienne, travaillait, vendait, agiotait, devenait riche, s'emparait des réalités de la vie présente, et se mettait en mesure de prêter des moyens d'existence aux cultes mêmes qui l'avaient si longtemps proscrit. Les anciens adorateurs de l'arche, restés fidèles au culte du coffre-fort, ont maintenant la Bourse pour temple, et c'est de là qu'ils gouvernent le monde chrétien. Judas peut, en effet, rire et se féliciter de n'avoir pas dormi comme saint Pierre.

Dans les anciennes écritures antérieures à la captivité, le Tau hébreu a la figure d'une croix, ce qui confirme encore notre interprétation de la douzième lame du Tarot cabalistique. La croix, génératrice de quatre triangles, est aussi le signe sacré du Duodénaire, et les Égyptiens l'appelaient, pour cela même, la clé du ciel. Aussi Eteilla, embarrassé dans ses longues recherches pour concilier les nécessités analogiques de la figure avec son opinion personnelle (il avait subi en cela l'influence du savant Court de Gebelin), a-t-il placé dans la main de son pendu redressé, dont il a fait la Prudence, un caducée hermétique formé de deux serpents et d'un Tau grec. Puisqu'il avait compris la nécessité du Tau ou de la croix, à la douzième page du livre de Thot, il aurait dû comprendre le multiple et magnifique symbole du pendu hermétique, le Prométhée de la science, l'homme vivant qui ne touche la terre que par la pensée et dont la base est au ciel, l'adepte libre et sacrifié, le révélateur menacé de mort, la conjuration du judaïsme contre le Christ, qui semble être un aveu involontaire de la divinité occulte du crucifié, le signe enfin de l'œuvre accomplie, du cycle terminé, le Tau intermédiaire, qui résume, une première fois, avant le dernier denaire, les signes de l'alphabet sacré.

13 מ N.

LA NÉCROMANCIE.

EX IPSIS.

MORS.

Nous avons dit que dans la lumière astrale se conservent les images des personnes et des choses. C'est aussi dans cette lumière qu'on peut évoquer les formes de ceux qui ne sont plus dans notre monde, et c'est par son moyen que s'accomplissent les mystères aussi contestés que réels de la nécromancie.

Les cabalistes qui ont parlé du monde des esprits ont simplement raconté ce qu'ils ont vu dans leurs évocations.

Éliphas Lévi Zahed (1), qui écrit ce livre, a évoqué, et il a vu.

Disons d'abord ce que les maîtres ont écrit de leurs visions ou de leurs intuitions dans ce qu'ils appelaient *la lumière de gloire*.

On lit dans le livre hébreu de la *Révolution des*

---

(1) Ces noms hébreux, traduits en français, sont Alphonse-Louis Constant.

âmes qu'il y a des âmes de trois sortes : les filles d'Adam, les filles des anges et les filles du péché. Il y a aussi, suivant le même livre, trois sortes d'esprits : les esprits captifs, les esprits errants et les esprits libres. Les âmes sont envoyées par couples. Il y a pourtant des âmes d'hommes qui naissent veuves, et dont les épouses sont retenues captives par Lilth et par Naëmah, les reines des stryges : ce sont les âmes qui ont à expier la témérité d'un vœu de célibat. Ainsi, lorsqu'un homme renonce dès l'enfance à l'amour des femmes, il rend esclave des démons de la débauche l'épouse qui lui était destinée. Les âmes croissent et se multiplient dans le ciel ainsi que les corps sur la terre. Les âmes immaculées sont les filles des baisers des anges.

Rien ne peut entrer dans le ciel que ce qui vient du ciel. Après la mort, donc, l'esprit divin qui animait l'homme retourne seul au ciel, et laisse sur la terre et dans l'atmosphère deux cadavres : l'un terrestre et élémentaire, l'autre aérien et sidéral ; l'un inerte déjà, l'autre encore animé par le mouvement universel de l'âme du monde, mais destiné à mourir lentement, absorbé par les puissances astrales qui l'ont produit. Le cadavre terrestre est visible : l'autre est invisible aux yeux des corps terrestres et vivants, et ne peut être aperçu que par les applications de la lumière astrale au *translucide*, qui communique ses impressions au système nerveux, et affecte ainsi l'organe de la vue jusqu'à lui faire voir les formes qui sont con- servées et les paroles qui sont écrites au livre de la lumière vitale.

Lorsque l'homme a bien vécu, le cadavre astral s'évapore comme un encens pur en montant vers les régions supérieures ; mais si l'homme a vécu dans le crime, son cadavre astral, qui le retient prisonnier, cherche encore les objets de ses pas- sions et veut se reprendre à la vie. Il tourmente les songes des jeunes filles, se baigne dans la vapeur du sang répandu, et se traîne autour des endroits où se sont écoulés les plaisirs de sa vie ; il veille encore sur les trésors qu'il a possédés et enfouis ; il s'épuise en efforts douloureux, pour se faire des organes matériels et revivre. Mais les astres l'aspirent et le boivent ; il sent son intelligence s'affaiblir, sa mémoire se perdre lentement, tout son être se dissoudre... Ses anciens vices lui apparaissent et le poursuivent sous des figures monstrueuses ; ils l'attaquent et le dévorent... Le malheureux perd

ainsi successivement tous les membres qui ont servi
à ses iniquités ; puis il meurt pour la seconde fois
et pour jamais, car il perd alors sa personnalité et
sa mémoire. Les âmes qui doivent vivre, mais qui
ne sont pas encore entièrement purifiées, restent
plus ou moins longtemps captives dans le cadavre
astral, ou elles sont brûlées par la lumière odique qui cherche à se l'assimiler et à le dissoudre.
C'est pour se dégager de ce cadavre que les âmes
souffrantes entrent parfois dans les vivants, et y
demeurent dans un état que les cabalistes appellent *embryonnat*.

Ce sont ces cadavres aériens qu'on évoque par la
nécromancie. Ce sont des larves, des substances
mortes ou mourantes, avec lesquelles on se met en
rapport ; elles ne peuvent ordinairement parler
que par le tintement de nos oreilles produit par
l'ébranlement nerveux dont j'ai parlé, et ne rai-
sonnent ordinairement qu'en réfléchissant ou nos
pensées ou nos rêves.

Mais pour voir ces formes étranges, il faut se
mettre dans un état exceptionnel, qui tient du
sommeil et de la mort, c'est-à-dire qu'il faut se
magnétiser soi-même et arriver à une sorte de
somnambulisme lucide et éveillé. La nécromancie

obtient donc des résultats réels, et les évocations
de la magie peuvent produire des visions véritables.
Nous avons dit que, dans le grand agent magique,
qui est la lumière astrale, se conservent toutes les
empreintes des choses, toutes les images formées,
soit par les rayons, soit par les reflets; c'est dans
cette lumière que nous apparaissent nos songes,
c'est cette lumière qui enivre les aliénés et entraîne
leur jugement endormi à la poursuite des fantômes les plus bizarres. Pour voir sans illusions dans
cette lumière, il faut écarter les reflets par une
volonté puissante, et n'attirer à soi que les rayons.
Rêver tout éveillé, c'est voir dans la lumière astrale ;
et les orgies du sabbat, racontées par tant de sorciers dans leurs jugements criminels, ne se pré-
sentaient pas à eux d'une autre manière. Souvent
les préparations et les substances employées pour
parvenir à ce résultat étaient horribles, comme
nous le verrons dans le Rituel ; mais les résultats
n'étaient jamais douteux. On voyait, on entendait,
on touchait les choses les plus abominables, les
plus fantastiques, les plus impossibles. Nous reviendrons sur ce sujet dans notre quinzième chapitre ;
nous ne nous occupons ici que de l'évocation des
morts.

Au printemps de l'année 1854, j'étais allé à Londres pour échapper à des chagrins d'intérieur et me livrer, sans distraction, à la science. J'avais des lettres d'introduction pour des personnages éminents et curieux de révélations du monde surnaturel. J'en vis plusieurs, et je trouvai en eux, avec beaucoup de politesse, un grand fond d'indifférence ou de légèreté. On me demandait tout d'abord des prodiges comme à un charlatan. J'étais un peu découragé, car, à vrai dire, loin d'être disposé à initier les autres aux mystères de la magie cérémonielle, j'en avais toujours craint, pour moi-même, les illusions et les fatigues ; d'ailleurs ces cérémonies exigent un matériel dispendieux et difficile à rassembler. Je me renfermais donc dans l'étude de la haute Cabale, et je ne songeais plus aux adeptes anglais, lorsqu'un jour, en rentrant à mon hôtel, je trouvai un pli à mon adresse. Ce pli contenait la moitié d'une carte coupée transversalement, et sur laquelle je reconnus tout d'abord le caractère du sceau de Salomon, et un papier fort petit sur lequel était écrit au crayon : « Demain, à trois heures, devant l'abbaye de Westminster, on vous présentera l'autre moitié de cette carte. » Je me rendis à ce singulier rendez-vous. Une voiture

stationnait sur la place. Je tenais, sans affectation,
mon fragment de carte à la main ; un domestique
s'approcha de moi et me fit signe en m'ouvrant
la portière de la voiture. Dans la voiture était une
dame en noir, dont le chapeau était recouvert
d'un voile très épais; elle me fit un signe de monter près d'elle, en me montrant l'autre moitié de
la carte que j'avais reçue. La portière se referma,
la voiture roula; et, la dame ayant relevé son voile,
je pus voir que j'avais affaire à une personne âgée,
ayant sous des sourcils gris des yeux noirs extrêmement vifs et d'une fixité étrange. « Sir, me dit-
elle, avec un accent anglais très prononcé, je sais
que la loi du secret est rigoureuse entre les adeptes;
une amie de sir B*** L***, qui vous a vu, sait qu'on
vous a demandé des expériences, et que vous avez
refusé de satisfaire cette curiosité. Peut-être n'aviez-
vous pas les choses nécessaires : je veux vous montrer un cabinet magique complet ; mais je vous
demande, avant tout, le plus inviolable secret. Si
vous ne me faites pas cette promesse sur l'honneur, je vais donner ordre qu'on vous reconduise
chez vous. » Je fis la promesse qu'on exigeait de
moi, et j'y suis fidèle en ne disant ni le nom, ni la
qualité, ni la demeure de ce dame, que je recon-

nus bientôt pour une initiée, non pas précisément
du premier ordre, mais d'un grade très élevé.
Nous eûmes plusieurs longues conversations, pendant lesquelles elle insistait toujours sur la nécessité des pratiques pour compléter l'initiation. Elle
me montra une collection de vêtements et d'instruments magique, me prêta même quelques livres
curieux qui me manquaient; bref, elle me détermina
à tenter chez elle l'expérience d'une évocation
complète, à laquelle je me préparai pendant vingt
et un jours, en observant scrupuleusement les pratiques indiquées au treizième chapitre du Rituel.

Tout était terminé le 24 juillet, il s'agissait d'évoquer le fantôme du divin Apollonius et de l'inter-
roger sur deux secrets : l'un qui me concernait
moi-même, l'autre qui intéressait cette dame. Elle
avait d'abord compté assister à l'évocation avec
une personne de confiance; mais, au dernier
moment, cette personne eut peur, et, comme le
ternaire ou l'unité est rigoureusement requise pour
les rites magiques, je fus laissé seul. Le cabinet
préparé pour l'évocation était pratiqué dans une
tourelle : on y avait disposé quatre miroirs conca-
ves, une sorte d'autel, dont le dessus de marbre
blanc était entouré d'une chaîne de fer aimanté,

Sur le marbre blanc était gravé et doré le signe du
pentagramme, tel qu'il est représenté à la page 105
de cet ouvrage ; et le même signe était tracé, en
diverses couleurs, sur une peau d'agneau blanche
et neuve qui était tendue sous l'autel. Au centre de
la table de marbre il y avait un petit réchaud de cuivre avec du charbon de bois d'aulne et de laurier ;
un autre réchaud était placé devant moi sur un
trépied. J'étais vêtu d'une robe blanche assez semblable aux robes de nos prêtres catholiques, mais
plus ample et plus longue, et je portais sur la
tête une couronne de feuilles de verveine entrela-
cées dans une chaîne d'or. D'une main je tenais
une épée neuve et de l'autre le Rituel. J'allumai
les deux feux avec les substances requises et prépa-
rées, et je commençai, à voix basse d'abord, puis
en élevant la voix par degrés, les invocations du
Rituel. La fumée s'étendit, la flamme fit vaciller
tous les objets qu'elle éclairait, puis elle s'éteignit.
La fumée s'élevait blanche et lente sur l'autel de
marbre, il me sembla sentir une secousse de trem-
blement de terre, les oreilles me tintaient et le
cœur me battait avec force. Je remis quelques
branches et des parfums sur les réchauds, et lorsque la flamme s'éleva, je vis distinctement, devant

l'autel, une figure d'homme plus grande que nature, qui se décomposait et s'effaçait. Je recommençai les évocations, et je vins me placer dans un cercle que j'avais tracé d'avance entre l'autel et le trépied : je vis alors s'éclaicir peu à peu le fond du miroir qui était en face de moi, derrière l'autel, et une forme blanchâtre s'y dessina, grandissant et semblant s'approcher peu à peu. J'appelai trois fois Apollonius en fermant les yeux ; et, lorsque je les rouvris, un homme était devant moi, enveloppé tout entier d'une sorte de linceul, qui me sembla être gris plutôt que blanc ; sa figure était maigre, triste et sans barbe, ce qui ne se rapportait pas précisément à l'idée que je me faisais d'abord d'Apollonius. J'éprouvai une sensation de froid extraordinaire, et, lorsque j'ouvris la bouche pour interpeller le fantôme, il me fut impossible d'articuler un son. Je mis alors la main sur le signe du pentagramme, et je dirigeai vers lui la pointe de l'épée, en lui commandant mentalement, par ce signe, de ne point m'épouvanter et de m'obéir. Alors, la forme devint plus confuse, et il disparut tout à coup. Je lui commandai de revenir : alors je sentis passer près de moi comme un souffle, et, quelque chose m'ayant touché la main qui tenait l'épée, j'eus immédiatement le bras engourdi jusqu'à l'épaule. Je crus comprendre que cette épée offensait l'esprit, et je la plantai par la pointe dans le cercle auprès de moi. La figure humaine reparut aussitôt ; mais je sentis un si grand affaiblissement dans mes membres et une si prompte défaillance s'emparer de moi, que je fis deux pas pour m'asseoir. Dès que je fus assis, je tombai dans un assoupissement profond et accompagné de rêves, dont il ne me resta, quand je revins à moi, qu'un souvenir confus et vague. J'eus pendant plusieurs jours le bras engourdi et douloureux. La figure ne m'avait point parlé, mais il me sembla que les questions que j'avais à lui faire s'étaient résolues d'elles-mêmes dans mon esprit. A celle de la dame, une voix intérieure répondait en moi : Mort (il s'agissait d'un homme dont elle voulait savoir des nouvelles)! Quant à moi, je voulais savoir si le rapprochement et le pardon seraient possibles entre deux personnes auxquelles je pensais, et le même écho intérieur répondait impitoyablement : Mortes !

Je raconte ici les faits tels qu'ils se sont passés, je ne les impose à la foi de personne. L'effet de cette expérience sur moi fut quelque chose d'inexplicable. Je n'étais plus le même homme, quelque chose

d'un autre monde avait passé en moi ; je n'étais
plus ni gai, ni triste, mais j'éprouvais un singulier
attrait pour la mort, sans être, cependant, aucu-
nement tenté de recourir au suicide. J'analysai
soigneusement ce que j'avais éprouvé ; et, malgré
une répugnance nerveuse très vivement sentie, je
réitérai deux fois, à quelques jours seulement de
distance, la même épreuve. Le récit des phénomènes qui se produisirent différerait trop peu de
celui-ci pour que je doive l'ajouter à cette narra-
tion, déjà peut-être un peu longue. Mais le résultat de ces deux autres évocations fut pour moi la
révélation de deux secrets cabalistiques, qui pourraient, s'ils étaient connus de tout le monde, changer en peu de temps les bases et les lois de la société
tout entière.

Conclurai-je de ceci que j'ai réellement évoqué,
vu et touché le grand Apollonius de Thyanes? Je
ne suis ni assez halluciné pour le croire, ni assez
peu sérieux pour l'affirmer. L'effet des préparations, des parfums, des miroirs, des pantacles, est
une véritable ivresse de l'imagination, qui doit agir
vivement sur une personne déjà impressionnable et
nerveuse. Je n'explique pas par quelles lois phy-
siologiques j'ai vu et touché ; j'affirme seulement

que j'ai vu et que j'ai touché, que j'ai vu clairement et distinctement, sans rêves, et cela suffit
pour croire à l'efficacité réelle des cérémonies
magiques. J'en crois, d'ailleurs, la pratique dangereuse et nuisible; la santé, soit morale, soit physique, ne résisterait pas à de semblables opérations
si elles devenaient habituelles. La dame âgée dont
je parle, et dont j'ai eu depuis à me plaindre, en
était une preuve : car, malgré ses dénégations, je
ne doute pas qu'elle n'ait l'habitude de la nécromancie et de la goëtie. Elle déraisonnait quelquefois complétement, se livrait d'autres fois à des
colères insensées, dont elle avait peine à bien déterminer l'objet. J'ai quitté Londres sans l'avoir revue,
et je garderai fidèlement l'engagement que j'ai
pris de ne rien dire à qui que ce soit qui puisse la
faire connaître ou donner même l'éveil sur des
pratiques, auxquelles elle se livre sans doute à
l'insu de sa famille, qui est, à ce que je suppose,
assez nombreuse et d'une position fort honorable.

Il y a des évocations d'intelligence, des évocations d'amour et des évocations de haine; mais
rien ne prouve, encore une fois, que les esprits
quittent réellement les sphères supérieures pour

s'entretenir avec nous, et le contraire même est
plus probable. Nous évoquons les souvenirs qu'ils
ont laissés dans la lumière astrale, qui est le
réservoir commun du magnétisme universel. C'est
dans cette lumière que l'empereur Julien vit autrefois apparaître les dieux, mais vieux, malades et
décrépits : preuve nouvelle de l'influence des opinions courantes et accréditées sur les refletsde ce
même agent magique qui fait parler les tables et
répond en frappant contre les murailles. Depuis
l'évocation dont j'ai parlé tout à l'heure, j'ai relu
avec soin la vie d'Apollonius, que les historiens
nous représentent comme un idéal de beauté et
d'élégance antique. J'y ai remarqué qu'Apollonius, vers la fin de sa vie, fut rasé et tourmenté
longtemps en prison. Cette circonstance, que j'avais
sans doute retenue autrefois sans y penser depuis
pour m'en souvenir, aura peut-être déterminé la
forme peu attrayante de ma vision, que je considère uniquement comme le rêve volontaire d'un
homme éveillé. J'ai vu deux autres personnages,
qu'il importe peu de nommer, et toujours différents, par leur costume et par leur aspect, de ce
que je m'attendais à voir. Je recommande, d'ailleurs, la plus grande réserve aux personnes qui

voudraient se livrer à de semblables expériences :
il en résulte de grandes fatigues et souvent même
des ébranlements assez anormaux pour occasionner des maladies.

Je ne terminerai pas ce chapitre sans signaler
ici l'opinion assez étrange de certains cabalistes qui
distinguent la mort apparente de la mort réelle, et
croient qu'elles viennent rarement ensemble. A
leur dire, la plupart des personnes qu'on enterre
seraient vivantes, et beaucoup d'autres, qu'on croit
vivantes, seraient mortes.

La folie incurable, par exemple, serait pour
eux une mort incomplète, mais réelle, qui laisse
le corps terrestre sous la direction purement instinctive du corps sidéral. Lorsque l'âme humaine
subit une violence qu'elle ne peut supporter, elle
se séparerait ainsi du corps, et laisserait à sa place
l'âme animale ou le corps sidéral, ce qui fait de
ces restes humains quelque chose de moins vivant
en quelque sorte que l'animal lui-même. On reconnaît, disent-ils, les morts de cette espèce à l'extinc-
tion complète du sens affectueux et moral; ils ne
sont pas méchants, ils ne sont pas bons : ils sont
morts. Ces êtres, qui sont les champignons vénéneux de l'espèce humaine, absorbent autant qu'ils

peuvent la vie des vivants; c'est pourquoi leur approche. engourdit l'âme et donne froid au cœur.

Ces êtres cadavéreux, s'ils existaient, réaliseraient tout ce qu'on affirmait autrefois des brucolaques et des vampires.

N'est-il pas des êtres près desquels on se sent moins intelligent, moins bon, quelquefois même moins honnête?

N'en est-il pas dont l'approche éteint toute croyance et tout enthousiasme, qui vous lient à eux par vos faiblesses, vous dominent par vos mauvais penchants, et vous font lentement mourir au moral, dans un supplice pareil à celui de Mezence?

Ce sont des morts, que nous prenons pour des vivants; ce sont des vampires, que nous prenons pour des amis!

14 ꝰ O.

LES TRANSMUTATIONS.

SPHERA LUNÆ.

SEMPITERNUM.

AUXILIUM.

Saint Augustin doute sérieusement qu'Apulée ait pu être changé en âne par une sorcière de Thessalie. Des théologiens ont disserté longuement sur la transmutation de Nabuchodonosor en bête sauvage. Cela prouve simplement que l'éloquent docteur d'Hippone ignorait les arcanes magiques, et que les théologiens en question n'étaient pas très avancés en exégèse. Nous avons à examiner, dans ce chapitre, des merveilles bien autrement incroyables, et incontestables pourtant. Je veux parler de la lycanthropie ou de la transformation nocturne des hommes en loups, si célèbre dans les veillées de nos campagnes, par les histoires de loups-garous ; histoires si bien avérées, que, pour les expliquer, la science incrédule a recours à des manies furieuses et à des travestissements en animaux. Mais de pareilles hypothèses sont puériles et n'expliquent rien. Cherchons ailleurs le secret des phénomènes observés à ce sujet, et constatons d'abord :

1° Que jamais personne n'a été tué par un loup-garou, si ce n'est par suffocation, sans effusion de sang et sans blessures ;

2° Que les loups-garous traqués, poursuivis, blessés même, n'ont jamais été tués sur place.

3° Que les personnes suspectes de ces transformations ont été toujours retrouvées chez elles, après la chasse au loup-garou, plus ou moins blessées, quelquefois mourantes, mais toujours dans leur forme naturelle.

Maintenant constatons des phénomènes d'un autre ordre.

Rien au monde n'est mieux attesté et plus incontestablement prouvé que la présence visible et réelle du P. Alphonse de Liguori près du pape agonisant, tandis que le même personnage était observé chez lui, à une grande distance de Rome, en prière et en extase.

La présence simultanée du missionnaire François Xavier en plusieurs endroits à la fois n'a pas été moins rigoureusement constatée.

On dira que ce sont là des miracles ; nous répon-

drons que les miracles, lorsqu'ils sont réels, sont
tout simplement des phénomènes pour la science.

Les apparitions de personnes qui nous sont
chères coïncidant avec le moment de leur mort
sont des phénomènes du même ordre et attri-
buables à la même cause.

Nous avons parlé du corps sidéral qui est l'intermédiaire entre l'âme et le corps matériel. Ce corps
reste éveillé souvent pendant que l'autre som-
meille, et se transporte avec la pensée dans tout
l'espace qu'ouvre devant lui l'aimantation universelle. Il allonge ainsi sans la briser la chaîne sympathique qui le retient attaché à notre cœur et à
notre cerveau, et c'est ce qui rend si dangereux le
réveil en sursaut pour les personnes qui rêvent.
En effet, une commotion trop forte peut rompre
tout à coup la chaîne, et occasionner subitement
la mort.

La forme de notre corps sidéral est conforme à
l'état habituel de nos pensées, et modifie, à la
longue, les traits du corps matériel. C'est pour cela
que Swedenborg, dans ses intuitions somnambu-
liques, voyait souvent des esprits en forme de
divers animaux.

Osons dire maintenant qu'un loup-garou n'est

autre chose que le corps sidéral d'un homme, dont
le loup représente les instincts sauvages et san-
guinaires, et qui, pendant que son fantôme se
promène ainsi dans les campagnes, dort péniblement dans son lit et rêve qu'il est un véritable
loup.

Ce qui rend le loup-garou visible, c'est la sur-
excitation presque somnambulique causée par la
frayeur chez ceux qui le voient, ou la disposition,
plus particulière aux personnes simples de la campagne, de se mettre en communication directe
avec la lumière astrale, qui est le milieu commun
des visions et des songes. Les coups portés au loup-
garou blessent réellement la personne endormie
par congestion odique et sympathique de la lumière
astrale, par correspondance du corps immatériel
avec le corps matériel. Bien des personnes croi-
ront rêver en lisant de pareilles choses, et nous
demanderont si nous sommes bien éveillé; mais
nous prierons seulement les hommes de science de
réfléchir aux phénomènes de la grossesse et aux
influences de l'imagination des femmes sur la
forme de leur fruit. Une femme qui avait assisté
au supplice d'un homme qu'on rouait vif accoucha
d'un enfant dont tous les membres étaient rompus.

Qu'on nous explique comment l'impression produite sur l'âme de la mère par un horrible spectacle pouvait atteindre et briser les membres de l'enfant, et nous expliquerons comment les coups portés et reçus en rêve peuvent briser réellement et blesser même grièvement le corps de celui qui les reçoit en imagination, surtout quand son corps est souffrant et soumis à des influences nerveuses et magnétiques.

C'est à ces phénomènes et aux lois occultes qui les produisent qu'il faut rapporter les effets de l'envoûtement, dont nous aurons à parler. Les obsessions diaboliques, et la plupart des maladies nerveuses qui affectent le cerveau, sont des blessures faites à l'appareil nerveux par la lumière astrale pervertie, c'est-à-dire absorbée ou projetée dans des proportions anormales. Toutes les tensions extraordinaires et extranaturelles de la volonté disposent aux obsession set aux maladies nerveuses ; le célibat forcé, l'ascétisme, la haine, l'ambition, l'amour repoussé, sont autant de principes générateurs de formes et d'influences infernales. Paracelse dit que le sang régulier des femmes engendre des fantômes dans l'air ; les couvents, à ce point de vue, seraient le séminaire des cauchemars, et l'on

pourrait comparer les diables à ces têtes de l'hydre
de Lerne, qui renaissaient sans fin et se multi-
pliaient par le sang même de leurs blessures.

Les phénomènes de la possession des Ursulines
de Loudun, si fatale à Urbain Grandier, ont été
méconnus. Les religieuses étaient réellement possédées d'hystérie et d'imitation fanatique des pensées secrètes de leurs exorcistes, transmises à leur
système nerveux par la lumière astrale. Elles rece-
vaient l'impression de toutes les haines que ce
malheureux prêtre avait soulevées contre lui, et
cette communication tout intérieure leur parais-
sait à elles-mêmes diabolique et miraculeuse. Ainsi
dans cette malheureuse affaire tout le monde était
de bonne foi, jusqu'à Laubardemont, qui, en exé-
cutant aveuglément les sentences préjugées par le
cardinal de Richelieu, croyait accomplir en même
temps les devoirs d'un véritable juge, et se soupçonnait d'autant moins lui-même d'être un valet
de Ponce-Pilate, qu'il lui était moins possible de
voir dans le curé, esprit fort et libertin, de Saint-
Pierre-du-Marché, un disciple du Christ et un
martyr.

La possession des religieuses de Louviers n'est
guère qu'une copie de celles de Loudun : les dia-

bles inventent peu et sont plagiaires les uns des
autres. Le procès de Gaufridi et de Magdeleine de
la Palud porte un caractère plus étrange. Ici ce
sont les victimes qui s'accusent elles-mêmes. Gaufridi se reconnaît coupable d'avoir ôté à plusieurs
femmes, par un simple souffle dans les narines,
la liberté de se défendre contre les séductions. Une
jeune et belle fille, de famille noble, insufflée par
lui, raconte, dans les plus grands détails, des scè-
nes où la lubricité le dispute au monstrueux et au
grotesque. Telles sont les hallucinations ordinaires
de la fausse mysticité et du célibat mal conservé.
Gaufridi et sa maîtresse étaient obsédés par leurs
chimères réciproques, et la tête de l'un reflétait les
cauchemars de l'autre. Le marquis de Sade lui-
même n'a-t-il pas été contagieux pour certaines
natures débilitées et malades?

Le scandaleux procès du père Girard est une
nouvelle preuve des délires du mysticisme et des
singulières névralgies qu'il peut entraîner à sa
suite. Les évanouissements de la Cadière, ses
extases, ses stigmates, tout cela était aussi réel
que la débauche insensée et peut-être involontaire
de son directeur. Elle l'accusa lorsqu'il voulut se
retirer d'elle, et la conversion de cette fille fut une

vengeance, car rien n'est cruel comme les amours
dépravés. Un corps puissant, qui était intervenu
dans le procès de Grandier pour perdre en lui le
sectaire possible, sauva le père Girard pour l'honneur de la compagnie. Grandier et le père Girard
étaient d'ailleurs arrivés au même résultat par des
voies bien différentes, dont nous aurons spécialement à nous occuper dans notre seizième chapitre.

Nous agissons par l'imagination sur les imaginations des autres, par notre corps sidéral sur le
leur, et par nos organes sur leurs organes. En
sorte que, par la sympathie, soit d'attrait, soit
d'obsession, nous nous possédons les uns les
autres et nous nous identifions à ceux sur lesquels
nous voulons agir. Ce sont les réactions contre cet
empire qui font succéder souvent aux sympathies
les plus vives l'antipathie la plus prononcée.
L'amour a pour tendance d'identifier les êtres;
or, en les identifiant souvent, il les rend rivaux,
et par conséquent ennemis, si le fond des deux
natures est une disposition insociable, comme serait
par exemple l'orgueil; saturer également d'orgueil
deux âmes unies, c'est les désunir en les rendant
rivales. L'antagonisme est le résultat nécessaire de
la pluralité des dieux.

Lorsque nous rêvons d'une personne vivante,
c'est ou son corps sidéral qui se présente au nôtre
dans la lumière astrale, ou du moins le reflet de ce
même corps, et la manière dont nous sommes
impressionnés à sa rencontre nous révèle souvent
les dispositions secrètes de cette personne à notre
égard. L'amour, par exemple, façonne le corps
sidéral de l'un à l'image et à la ressemblance de
l'autre, en sorte que le medium animique de la
femme est comme un homme et celui de l'homme
comme une femme. C'est cet échange que les cabalistes ont voulu exprimer d'une manière occulte
lorsqu'ils disent, en expliquant un terme obscur
de la *Genèse* : « Dieu a créé l'amour en mettant
une côte d'Adam dans la poitrine de la femme et
de la chair d'Ève dans la poitrine d'Adam, en sorte
que le fond du cœur de la femme est un os
d'homme et le fond du cœur de l'homme de la
chair de la femme ; » allégorie qui n'est certainement pas sans profondeur et sans beauté.

Nous avons dit un mot dans le chapitre précédent
de ce que les maîtres en cabale appellent l'embryonnat des âmes. Cet embryonnat, complet après la
mort de la personne qui en possède une autre, est
souvent commencé de son vivant, soit par l'obses-

sion, soit par l'amour. J'ai connu une jeune femme à laquelle ses parents inspiraient une grande terreur, et qui se livra tout à coup elle-même envers une personne inoffensive aux actes qu'elle redoutait de leur part. J'en ai connu une autre qui, après avoir pris part à une évocation où il s'agissait d'une femme coupable et tourmentée dans l'autre monde pour certains actes excentriques, imita sans aucune raison les actes de la femme morte. C'est à cette puissance occulte qu'il faut attribuer l'influence redoutable de la malédiction des parents, redoutée chez tous les peuples de la terre, et le danger véritable des opérations magiques lorsqu'on n'est pas parvenu à l'isolement des vrais adeptes.

Cette vertu de transmutation sidérale, qui existe réellement dans l'amour, explique les prodiges allégoriques de la baguette de Circé. Apulée parle d'une Thessalienne qui se transformait en oiseau; il se fit aimer par la servante de cette femme pour surprendre les secrets de sa maîtresse, et n'arriva qu'à se changer en âne. Cette allégorie explique les mystères les plus cachés de l'amour. Les cabalistes disent encore que, lorsqu'on aime une femme élémentaire, soit ondine, soit sylphide, soit gnomide, on l'immortalise avec soi ou l'on meurt avec elle. Nous avons vu que les êtres élémentaires sont des hommes imparfaits et encore mortels. La révélation dont nous parlons et qu'on a regardée comme une fable est donc le dogme de la solidarité morale en amour, qui est le fond de l'amour même et en explique seul toute la sainteté et toute la puissance.

Quelle est donc cette magicienne qui change ses adorateurs en pourceaux et dont les enchantements sont détruits dès qu'elle est soumise à l'amour? C'est la courtisane antique, c'est la fille de marbre de tous les temps. La femme sans amour absorbe et avilit tout ce qui l'approche ; la femme qui aime répand l'enthousiasme, la noblesse et la vie.

On a beaucoup parlé dans le siècle dernier d'un adepte accusé de charlatanisme, et qu'on nommait de son vivant le divin Cagliostro. On sait qu'il pratiquait les évocations et qu'il n'a été surpassé dans cet art que par l'illuminé Schrœpffer (1). On sait qu'il se vantait de nouer les sympathies, et qu'il disait avoir le secret du grand œuvre ; mais

---

(1) Voir, dans le Rituel, les secrets et les formes de Schrœpffer pour les évocations.

ce qui le rendait encore plus célèbre, c'était un
certain élixir de vie qui rendait instantanément
aux vieillards la vigueur et la séve de la jeunesse.
Cette composition avait pour base le vin de mal-
voisie, et s'obtenait par la distillation du sperme
de certains animaux avec le suc de plusieurs
plantes. Nous en possédons la recette et l'on
comprendra assez pourquoi nous devons la tenir
cachée.

15 ♍ P.

LA MAGIE NOIRE.

SAMAEL.

AUXILIATOR.

Nous entrons dans la magie noire. Nous allons affronter, jusque dans son sanctuaire, le dieu noir du Sabbat, le bouc formidable de Mendès. Ici, ceux qui ont peur doivent fermer le livre, et les personnes sujettes aux impressions nerveuses feront bien de se distraire ou de s'abstenir; mais nous nous sommes imposé une tâche, nous la finirons.

Abordons d'abord franchement et hardiment la question :

Existe-t-il un diable?

Qu'est-ce que le diable?

A la première question, la science se tait; la philosophie nie au hasard, et la religion seule répond affirmativement.

A la seconde, la religion dit que le diable c'est l'ange déchu; la philosophie occulte accepte et explique cette définition.

Nous ne reviendrons pas sur ce que nous en avons déjà dit, mais nous ajouterons ici une révélation nouvelle :

LE DIABLE, EN MAGIE NOIRE, C'EST LE GRAND AGENT MAGIQUE EMPLOYÉ POUR LE MAL PAR UNE VOLONTÉ PERVERSE.

L'ancien serpent de la légende n'est autre chose que l'agent universel, c'est le feu éternel de la vie terrestre, c'est l'âme de la terre et le foyer vivant de l'enfer.

Nous avons dit que la lumière astrale est le réceptacle des formes. Évoquées par la raison, ces formes se produisent avec harmonie ; évoquées par la folie, elles viennent désordonnées et monstrueuses : tel est le berceau des cauchemars de saint Antoine et des fantômes du Sabbat.

Les évocations de la goëtie et de la démonomanie ont-elles donc un résultat ? — Oui certainement, un résultat incontestable et plus terrible que ne peuvent le raconter les légendes !

Lorsqu'on appelle le diable avec les cérémonies voulues, le diable vient et on le voit.

Pour ne pas mourir foudroyé à cette vue, pour n'en pas devenir cataleptique ou idiot, il faut être déjà fou.

Grandier était libertin par indévotion, et peut-être déjà par scepticisme; Girard avait été dépravé et dépravateur par enthousiasme, par suite des égarements de l'ascétisme et des aveuglements de la foi.

Nous donnerons, au quinzième chapitre de notre Rituel, toutes les évocations diaboliques et les pratiques de la magie noire, non pour qu'on s'en serve, mais pour qu'on les connaisse, qu'on les juge, et qu'on se préserve à jamais de semblables aberrations.

M. Eudes de Mirville, dont le livre sur les tables tournantes a fait dernièrement assez de bruit, peut être à la fois content et mécontent de la solution que nous donnons ici aux problèmes de la magie noire. En effet, nous soutenons comme lui la réalité et le merveilleux des effets, nous leur assignons comme lui pour cause l'ancien serpent, le prince occulte de ce monde; mais nous ne sommes pas d'accord sur la nature de cet agent aveugle, qui est en même temps, mais sous des directions différentes, l'instrument de tout bien et de tout mal, le serviteur des prophètes et l'inspirateur des pythonisses. En un mot, le diable, pour nous, c'est la force mise pour un temps au service de l'erreur,

comme le péché mortel est, à nos yeux, la per-
sistance de la volonté dans l'absurde. M. de Mirville
a donc mille fois raison, mais il a une fois et une
grande fois tort.

Ce qu'il faut exclure du royaume des êtres, c'est
l'arbitraire. Rien n'arrive ni au hasard ni par
l'autocratie d'une volonté bonne ou mauvaise. Il
y a deux chambres dans le ciel, et le tribunal de
Satan est contenu dans ses écarts par le sénat de
la sagesse divine.

16 y Q.

LES ENVOUTEMENTS.

FONS.

OCULUS.

FULGUR.

L'homme qui regarde une femme avec un désir impur profane cette femme, a dit le grand Maître. Ce qu'on veut avec persévérance, on le fait. Toute volonté réelle se confirme par des actes ; toute volonté confirmée par un acte est une action. Toute action est soumise à un jugement, et ce jugement est éternel. — Ce sont là des dogmes et des principes.

D'après ces principes et ces dogmes, le bien ou le mal que vous voulez, soit à vous-même, soit aux autres, dans l'étendue de votre vouloir et dans la sphère de votre action, arrivera infailliblement, soit aux autres, soit à vous, si vous confirmez votre volonté et si vous arrêtez votre détermination par des actes.

Les actes doivent être analogues à la volonté. La volonté de nuire ou de se faire aimer doit être confirmée, pour être efficace, par des actes de haine ou d'amour.

Tout ce qui porte l'empreinte d'une âme humaine appartient à cette âme; tout ce que l'homme s'est approprié d'une manière quelconque devient son corps, dans l'acception la plus large du mot, et tout ce qu'on fait au corps d'un homme est ressenti, soit médiatement, soit immédiatement, par son âme.

C'est pour cela que toute espèce d'action hostile au prochain est regardée par la théologie morale comme un commencement d'homicide.

L'envoûtement est un homicide, et un homicide d'autant plus lâche qu'il échappe au droit de défense de la victime et à la vengeance des lois.

Ce principe établi, pour l'acquit de notre conscience et l'avertissement des faibles, affirmons sans crainte que l'envoûtement est possible.

Allons plus loin, et affirmons qu'il est non-seulement possible, mais en quelque sorte nécessaire et fatal. Il s'accomplit sans cesse dans le monde social, à l'insu des agents et des patients. L'envoûtement involontaire est un des plus terribles dangers de la vie humaine.

La sympathie passionnelle soumet nécessaire-

ment le plus ardent désir à la plus forte volonté.
Les maladies morales sont plus contagieuses que
les maladies physiques, et il y a tels succès d'engoûment et de mode qu'on pourrait comparer à la
lèpre ou au choléra.

On meurt d'une mauvaise connaissance comme
d'un contact contagieux, et l'horrible maladie qui,
depuis quelques siècles seulement, en Europe,
punit la profanation des mystères de l'amour, est
une révélation des lois analogiques de la nature, et
ne présente encore qu'une image affaiblie des cor-
ruptions morales qui résultent tous les jours d'une
sympathie équivoque.

On parle d'un homme jaloux et lâche qui, pour
se venger d'un rival, s'infecta lui-même volontairement d'un mal incurable, et en fit à la fois le
fléau commun et l'anathème d'un lit partagé. Cette
horrible histoire est celle de tout magicien ou
plutôt de tout sorcier qui pratique les envoûtements. Il s'empoisonne pour empoisonner, il se
damne pour torturer, il aspire l'enfer pour le
respirer, il se blesse à mort pour faire mourir ;
mais, s'il en a le triste courage, il est positif et
certain qu'il empoisonnera et qu'il tuera par la
projection seule de sa perverse volonté.

Il peut exister des amours qui tuent aussi bien
que la haine, et les envoûtements de la bienveillance
sont la torture des méchants. Les prières qu'on
adresse à Dieu pour la conversion d'un homme
portent malheur à cet homme s'il ne veut pas se
convertir. Il y a, comme nous l'avons déjà dit,
fatigue et danger à lutter contre les courants fluidiques excités par des chaînes de volontés unies.

Il y a donc deux sortes d'envoûtements: l'envoûtement involontaire et l'envoûtement volontaire. On peut distinguer aussi l'envoûtement physique de l'envoûtement moral.

La force attire la force, la vie attire la vie, la
santé attire la santé: c'est une loi de la nature.

Si deux enfants vivent ensemble, et surtout cou-
chent ensemble, et qu'il y en ait un faible et un fort,
le fort absorbera le faible, et celui-ci dépérira.
C'est pourquoi il est important que les enfants cou-
chent toujours seuls.

Dans les pensionnats, certains élèves absorbent
l'intelligence des autres élèves, et dans tout cercle
d'hommes il se trouve bientôt un individu qui s'empare des volontés des autres.

L'envoûtement par courants est une chose très
commune, comme nous l'avons remarqué : on est

porté par la foule, au moral comme au physique. Mais ce que nous avons plus particulièrement à constater dans ce chapitre, c'est la puissance presque absolue de la volonté humaine sur la détermination de ses actes et l'influence de toute démonstration extérieure d'une volonté sur les choses même extérieures.

Les envoûtements volontaires sont encore fréquents dans nos campagnes, parce que les forces naturelles, chez les personnes ignorantes et solitaires, agissent sans être affaiblies par aucun doute ou par aucune diversion. Une haine franche, absolue et sans aucun mélange de passion repoussée ou de cupidité personnelle, est un arrêt de mort pour celui qui en est l'objet dans certaines conditions données. Je dis sans mélange de passion amoureuse ou de cupidité, parce qu'un désir, étant une attraction , contre-balance et annule la puissance de projection. Ainsi, par exemple, un jaloux n'envoûtera jamais efficacement son rival, et un héritier cupide n'abrégera pas par le seul fait de sa volonté les jours d'un oncle avare et vivace. Les envoûtements essayés dans ces conditions retombent sur celui qui les opère, et sont plutôt salutaires que nuisibles à la personne qui en est l'objet, car il

la dégagent d'une action haineuse qui se détruit
elle même en s'exaltant outre-mesure.

Le mot *envoûtement*, très énergique dans sa simplicité gauloise, exprime admirablement la chose
même qu'il signifie : *envoultement*, action de prendre
pour ainsi dire et d'envelopper quelqu'un dans un
vœu, dans une volonté formulée.

L'instrument des envoûtements n'est autre que
le grand agent magique lui-même, qui, sous l'influence d'une volonté mauvaise, devient alors réellement et positivement le démon.

Le maléfice proprement dit, c'est-à-dire l'opération cérémonielle en vue de l'envoûtement, n'agit
que sur l'opérateur, et sert à fixer et à confirmer
sa volonté en la formulant avec persévérance et
effort, les deux conditions qui rendent la volonté
efficace.

Plus l'opération est difficile ou horrible, plus
elle est efficace, parce qu'elle agit davantage sur
l'imagination, et confirme l'effort en raison directe
de la résistance.

C'est ce qui explique la bizarrerie et l'atrocité
même des opérations de la magie noire chez les
anciens et au moyen âge, les messes du diable, les
sacrements administrés à des reptiles, les effusions

de sang, les sacrifices humains, et autres monstruosités qui sont l'essence même et la réalité de
la goëtie ou nigromancie. Ce sont de semblables
pratiques qui ont attiré de tout temps sur les sorciers la juste répression des lois. La magie noire
n'est réellement qu'une combinaison de sacriléges
et de meurtres gradués pour pervertir à jamais
une volonté humaine et réaliser dans un homme
vivant le fantôme hideux du démon. C'est donc,
à proprement parler, la religion du diable, le culte
des ténèbres, la haine du bien portée à son pa-
roxysme; c'est l'incarnation de la mort et la création permanente de l'enfer.

Le cabaliste Bodin, qu'on soupçonnerait à tort
d'avoir été un esprit faible et superstitieux, n'a pas
eu d'autre motif d'écrire sa *Démonomanie* que le
besoin de prémunir les esprits contre une trop dangereuse incrédulité. Initié par l'étude de la cabale
aux véritables secrets de la magie, il avait frémi
en songeant aux dangers auxquels exposerait la
société cette puissance abandonnée à la méchanceté des hommes. Il tenta donc ce que vient d'essayer encore parmi nous M. Eudes de Mirvilles: il
recueillit des faits sans les expliquer, et dénonça
aux sciences inattentives ou préoccupées ailleurs

l'existence des influences occultes des opérations criminelles de la mauvaise magie. Bodin ne fut pas plus écouté de son temps que ne le sera M. Eudes de Mirville, parce qu'il ne suffit pas d'indiquer des phénomènes et d'en préjuger la cause pour impressionner les hommes sérieux; cette cause, il faut l'étudier, l'expliquer, en prouver l'existence, et c'est ce que nous tâchons de faire. Aurons-nous un meilleur succès?

On peut mourir de l'amour de certains êtres comme de leur haine : il est des passions absorbantes sous l'aspiration desquelles on se sent défaillir comme les fiancées des vampires. Ce ne sont pas seulement les méchants qui tourmentent les bons, mais à leur insu les bons torturent les méchants. La douceur d'Abel était un long et pénible envoûtement pour la férocité de Caïn. La haine du bien, chez les hommes mauvais, procède de l'instinct même de la conservation ; d'ailleurs, ils nient que ce qui les tourmente soit le bien, et s'efforcent, pour être tranquilles, de déifier et de justifier le mal. Abel, aux yeux de Caïn, était un hypocrite et un lâche qui déshonorait la fierté humaine par ses soumissions scandaleuses à la divinité. Combien ce premier des meurtriers n'a-t-il pas dû souffrir avant de se porter à un épouvantable attentat contre son frère? Si Abel avait pu le comprendre, il en eût été effrayé.

L'antipathie n'est autre chose que le pressentiment d'un envoûtement possible, envoûtement qui peut être d'amour et de haine, car on voit souvent l'amour succéder à l'antipathie. La lumière astrale nous avertit des influences à venir par une action sur le système nerveux plus ou moins sensible et plus ou moins vive. Les sympathies instantanées, les amours foudroyants, sont des explosions de lumière astrale motivées aussi exactement et non moins mathématiquement explicables et démontrables que les décharges de fortes batteries électriques. On peut voir par là combien de dangers imprévus menacent le profane qui joue sans cesse avec le feu sur des poudrières qu'il ne voit pas.

Nous sommes saturés de lumière astrale, et nous la projetons sans cesse pour lui faire place et en attirer de nouvelle. Les appareils nerveux destinés soit à l'attraction, soit à la projection, sont particulièrement les yeux et les mains. La polarité des mains réside dans le pouce, et c'est pour cela que, suivant la tradition magique conservée encore dans nos campagnes, il faut, lorsqu'on se trouve en compagnie suspecte, tenir le pouce replié et caché dans la main, en évitant de fixer personne, mais tâcher pourtant de regarder le premier ceux dont nous avons quelque chose à craindre, afin d'éviter les projections fluidiques inattendues et les regards fascinateurs.

Il existe aussi certains animaux dont la propriété est de rompre les courants de lumière astrale par une absorption qui leur est particulière. Ces animaux nous sont violemment antipathiques et ont dans le regard quelque chose de fascinateur : tels sont le crapaud, le basilic et le tard. Ces animaux, apprivoisés et portés vivants ou gardés dans les chambres qu'on habite, garantissent des hallucinations et des prestiges de l'ivresse astrale : l'IVRESSE ASTRALE, mot que nous écrivons ici pour la première fois, et qui explique tous les phénomènes des passions furieuses, des exaltations mentales et de la folie.

Élevez des crapauds et des tards, mon cher monsieur, me dira ici un disciple de Voltaire; portez-en sur vous et n'écrivez plus. A cela, je puis répondre que j'y songerai sérieusement quand je me sentirai disposé à rire de ce que j'ignore, et à traiter de fous les hommes dont je ne comprendrai ni la science ni la sagesse.

Paracelse, le plus grand des mages chrétiens, opposait à l'envoûtement les pratiques d'un envoûtement contraire. Il composait des remèdes sympathiques et les appliquait non pas aux membres souffrants, mais à des représentations de ces mêmes membres, formées et consacrées suivant le cérémonial magique. Les succès étaient prodigieux, et jamais aucun médecin n'a approché des cures merveilleuses de Paracelse.

Mais Paracelse avait découvert le magnétisme bien avant Mesmer, et avait poussé jusqu'aux dernières conséquences cette lumineuse découverte, ou plutôt cette initiation à la magie des anciens, qui, plus que nous, comprenaient le grand agent magique et ne faisaient pas de la lumière astrale, de l'azoth, de la magnésie universelle des sages, un fluide animal et particulier émanant seulement de quelques êtres spéciaux.

Dans sa philosophie occulte, Paracelse combat la magie cérémonielle, dont il n'ignorait certainement pas la terrible puissance, mais dont il veut sans doute décrier les pratiques, afin de discréditer la magie noire. Il place la toute-puissance du mage dans le *magnès* intérieur et occulte. Les plus habiles

magnétiseurs de nos jours ne diraient pas mieux.
Cependant il veut qu'on emploie les signes magiques, et surtout les talismans, pour la guérison des
maladies. Nous aurons lieu de revenir, dans notre
dix-huitième chapitre, sur les talismans de Paracelse, en touchant, d'après Gaffarel, la grande
question de l'iconographie et de la numismatique
occultes.

On guérit aussi l'envoûtement par la substitution, lorsqu'elle est possible, et par la rupture ou le
détournement du courant astral. Les traditions des
campagnes sur tout ceci sont admirables et viennent certainement de loin : ce sont des restes de
l'enseignement des druides, qui avaient été initiés
aux mystères de l'Égypte et de l'Inde par des hiérophantes voyageurs. On sait donc, en magie vulgaire, qu'un envoûtement, c'est-à-dire une volonté
déterminée et confirmée de mal faire, obtient toujours son effet, et qu'elle ne peut se rétracter sans
péril de mort. Le sorcier qui délivre quelqu'un
d'un charme doit avoir un autre objet de sa mal-
veillance, ou il est certain que lui-même il sera
frappé et périra victime de ses propres maléfices.
Le mouvement astral étant circulaire, toute émission azotique ou magnétique qui ne rencontre pas

son *medium* revient avec force à son point de départ : c'est ce qui explique une des plus étranges histoires d'un livre sacré, celle des démons envoyés dans des pourceaux qui se précipitèrent à la mer. Cette œuvre de haute initiation ne fut autre chose que la rupture d'un courant magnétique infecté par des volontés mauvaises. Je me nomme légion, disait la voix instinctive du patient, parce que nous sommes plusieurs.

Les possessions du démon ne sont autre chose que des envoûtements, et il existe de nos jours une quantité innombrable de possédés. Un saint religieux qui s'est voué au service des aliénés, le frère Hilarion Tissot, est parvenu par une longue expérience et la pratique constante des vertus chrétiennes, à guérir beaucoup de malades, et il pratique à son insu le magnétisme de Paracelse. Il attribue la plupart des maladies à des désordres de la volonté ou à l'influence perverse des volontés étrangères ; il regarde tous les crimes comme des actes de folie, et voudrait qu'on traitât les méchants comme des malades, au lieu de les exaspérer et de les rendre incurables sous prétexte de les punir. Combien de temps passera encore avant que le pauvre frère Hilarion soit reconnu pour un homme dé génie ! et combien d'hommes graves en lisant ce chapitre, diront encore qu'Hilarion Tissot et moi nous devrions nous traiter l'un l'autre suivant les idées qui nous sont communes, en nous gardant bien de publier nos théories, si nous voulons qu'on ne nous prenne pas pour des médecins dignes d'être envoyés aux Incurables !

Et pourtant elle tourne ! s'écriait Galilée en frappant du pied la terre. Vous connaîtrez la vérité, et la vérité vous rendra libres, a dit le Sauveur des hommes. On pourrait ajouter : Vous aimerez la justice, et la justice vous rendra bien portants. Un vice, c'est un poison, même pour le corps : la véritable vertu est un gage de longévité.

La méthode des *envoûtements cérémoniels* varie suivant les temps et les personnes, et tous les hommes artificieux et dominateurs en trouvent en eux-mêmes les secrets et la pratique, sans même les calculer précisément et en raisonner la succession. Ils suivent en cela les inspirations instinctives du grand agent, qui s'assimile merveilleusement, comme nous l'avons déjà dit, à nos vices et à nos vertus ; mais on peut dire que, généralement, nous sommes soumis aux volontés des autres par les analogies de nos penchants, et surtout de nos défauts.

Caresser les faiblesses d'une individualité, c'est s'emparer d'elle et s'en faire un instrument dans l'ordre des mêmes erreurs ou des mêmes dépravations. Or, quand deux natures analogiques en défaut se subordonnent l'une à l'autre, il s'opère une sorte de substitution du plus fort au plus faible, et une véritable obsession d'un esprit par l'autre. Souvent le faible se débat et voudrait se révolter, puis il retombe plus bas que jamais dans la servitude. C'est ainsi que Louis XIII conspirait contre Richelieu, puis obtenait en quelque sorte sa grâce par l'abandon de ses complices.

Nous avons tous un défaut dominant qui est, pour notre âme, comme l'ombilic de sa naissance pécheresse, et c'est par là que l'ennemi peut toujours nous saisir : la vanité pour les uns, la paresse pour les autres, l'égoïsme pour le plus grand nombre. Qu'un esprit rusé et méchant s'empare de ce ressort, et vous êtes perdu. Vous devenez alors non pas fou, non pas idiot, mais positivement aliéné, dans toute la force de cette expression, c'est-à-dire soumis à une impulsion étrangère. Dans cet état, vous avez une horreur instinctive pour tout ce qui vous ramènerait à la raison, et vous ne voulez même pas entendre les représenta-

tions contraires à votre démence. C'est une des
maladies les plus dangereuses qui puissent affecter
le moral humain.

Le seul remède à cet envoûtement, c'est de s'emparer de la folie même pour guérir la folie, et de
faire trouver au malade des satisfactions imaginaires dans un ordre contraire à celui dans lequel
il s'est perdu. Ainsi, par exemple, guérir un ambi-
tieux en lui faisant désirer les gloires du ciel,
remède mystique ; guérir un débauché par un
véritable amour, remède naturel ; procurer à un
vaniteux des succès honorables ; montrer du désintéressement aux avares et leur procurer un juste
profit par une participation honorable à des entre-
prises généreuses, etc.

En réagissant de la sorte sur le moral, on parviendra à guérir un grand nombre de maladies
physiques, car le moral influe sur le physique en
vertu de l'axiome magique : « Ce qui est au-dessus
est comme ce qui est au-dessous. » C'est pour cela
que le Maître disait en parlant d'une femme para-
lytique : Satan l'a liée. Une maladie provient toujours d'un défaut ou d'un excès, et vous trouverez
toujours à la source d'un mal physique un désordre
moral : c'est une loi invariable de la nature.

17 ב R.

L'ASTROLOGIE.

STELLA.

OS.

INFLEXUS.

De tous les arts issus du magisme des anciens, l'astrologie est maintenant le plus méconnu. On ne croit plus aux harmonies universelles de la nature et à l'enchaînement nécessaire de tous les effets avec toutes les causes. La véritable astrologie, d'ailleurs, celle qui se rattache au dogme unique et universel de la Cabale, a été profanée chez les Grecs et chez les Romains de la décadence ; la doctrine des sept cieux et des trois mobiles, émanée primitivement de la décade séphirique, le caractère des planètes gouvernées par des anges dont les noms ont été changés en ceux des divinités du paganisme, l'influence des sphères les unes sur les autres, la fatalité attachée aux nombres, l'échelle de proportion entre les hiérarchies célestes correspondantes aux hiérarchies humaines, tout cela a été matérialisé et rendu superstitieux par les généthliaques et les tireurs d'horoscopes de la décadence et du moyen âge. Ramener l'astrologie à sa pureté primitive serait en quelque façon créer une science toute nouvelle; essayons seulement d'en indiquer les premiers principes, avec leurs conséquences les plus immédiates et les plus prochaines.

Nous avons dit que la lumière astrale reçoit et conserve toutes les empreintes des choses visibles; il en résulte que la disposition quotidienne du ciel se réfléchit dans cette lumière, qui, étant l'agent principal de la vie, opère, par une série d'appareils destinés à cette fin par la nature, la conception, l'embryonnat et la naissance des enfants. Or, si cette lumière est assez prodigue d'images pour donner au fruit d'une grossesse les empreintes visibles d'une fantaisie ou d'une délectation de la mère, à plus forte raison doit-elle transmettre au tempérament mobile encore et incertain du nouveau-né les impressions atmosphériques et les influences diverses qui résultent à un moment donné, dans tout le système planétaire de telle ou telle disposition particulière des astres.

Rien n'est indifférent dans la nature : un caillou de plus ou de moins sur un chemin peut briser ou modifier profondément les destinées des plus grands hommes ou même des plus grands empires; à plus forte raison la place de telle ou telle étoile dans le ciel ne saurait être indifférente pour les destinées de l'enfant qui naît, et qui entre par sa naissance même dans l'harmonie universelle du monde sidéral. Les astres sont enchaînés les uns aux autres par des attractions qui les tiennent en équilibre et les font régulièrement se mouvoir dans l'espace; ces réseaux de lumière vont de toutes les sphères à toutes les sphères, et il n'y a pas un point sur chaque planète auquel ne se rattache un de ces fils indestructibles. Le lieu précis et l'heure de la naissance doivent donc être calculés par le véritable adepte en astrologie; puis, quand il aura fait le calcul exact des influences astrales, il lui reste à compter les chances d'état, c'est-à-dire les facilités ou les obstacles que l'enfant doit trouver un jour dans son état, dans ses parents, dans le tempérament qu'il a reçu d'eux, et par conséquent dans ses dispositions naturelles pour l'accomplissement de ses destinées. Et encore faut-il tenir compte de la liberté humaine et de son initiative, si l'enfant arrive un jour à être véritablement un homme et à se soustraire par un courageux vouloir aux influences fatales et à la chaîne des destinées. On voit que nous n'accordons pas trop à l'astrologie ; mais aussi ce que nous lui laissons est incontestable, c'est le calcul scientifique et magique des probabilités.

L'astrologie est aussi ancienne et plus ancienne même que l'astronomie, et tous les sages de l'antiquité voyante lui ont accordé la confiance la plus entière ; or il ne faut pas condamner et rejeter à la légère ce qui nous arrive entouré et soutenu par de si imposantes autorités.

De longues et patientes observations, des comparaisons concluantes, des expériences souvent réitérées, ont dû amener les anciens sages à leurs conclusions, et il faudrait, pour prétendre les réfuter, recommencer en sens contraire le même travail. Paracelse a été peut-être le dernier des grands astrologues pratiques ; il guérissait les malades par des talismans formés sous les influences astrales, et reconnaissait sur tous les corps la marque de leur étoile dominante, et c'était là, selon lui, la vraie médecine universelle, la science absolue de la nature, perdue par la faute des hommes et retrouvée seulement par un petit nombre d'initiés. Reconnaître le signe de chaque étoile sur les hommes, sur les animaux, sur les plantes, c'est la vraie science naturelle de Salomon, cette science qu'on dit perdue et dont les principes sont conser-vés cependant comme tous les autres secrets dans le symbolisme de la Cabale. On comprend que, pour lire l'écriture des étoiles, il faut connaître les étoiles elles-mêmes, connaissance qui s'obtient par la *domification* cabalistique du ciel, et par l'intelligence du planisphère cabalistique, retrouvé et expliqué par Gaffarel. Dans ce planisfère, les constellations forment des lettres hébraïques, et les figures mythologiques peuvent être remplacées par les symboles du Tarot. C'est à ce planisphère même que Gaffarel rapporte l'origine de l'écriture des patriarches, et l'on aurait trouvé dans les chaînes d'attraction des astres les premiers linéaments des caractères primitifs ; le livre du ciel eût donc servi de modèle à celui d'Hénoch, et l'alphabet cabalistique serait le résumé de tout le ciel. Ceci ne manque ni de poésie ni surtout de probabilité, et l'étude du Tarot, qui est évidemment le livre primitif et hiéroglyphique d'Hénoch, comme l'a compris le savant Guillaume Postel, suffira pour nous en convaincre.

Les signes imprimés dans la lumière astrale par le reflet et l'attraction des astres se reproduisent

donc, comme l'ont découvert les sages, sur tous les
corps qui se forment par le concours de cette
lumière. Les hommes portent les signes de leur
étoile sur le front surtout et dans les mains; les
animaux dans leur forme tout entière et dans leurs
signes particuliers; les plantes la laissent voir sur
leurs feuilles et dans leur graine; les minéraux
dans leurs veines et dans les aspects de leur cas-
sure. L'étude de ces caractères a été le travail de
toute la vie de Paracelse, et les figures de ses talismans sont le résultat de ses recherches; mais il
n'en a pas donné la clef, et l'alphabet cabalistique
astral avec ses correspondances reste encore à
faire; la science de l'écriture magique non con-
ventionnelle s'est arrêtée, pour la publicité, au
planisphère de Gaffarel.

L'art sérieux de la divination repose tout entier
sur la connaissance de ces signes. La chiromancie
est l'art de lire dans les lignes de la main l'écriture
des étoiles, et la métoposcopie cherche les mêmes
caractères ou d'autres analogues sur le front de ses
consultants. En effet, les plis formés sur la face
humaine par les contractions nerveuses sont fata-
lement déterminés, et le rayonnement du tissu nerveux est absolument analogue à ces réseaux formés

entre les mondes par les chaînes d'attraction des étoiles. Les fatalités de la vie s'écrivent donc nécessairement dans nos rides, et l'on reconnaît souvent au premier regard, sur le front d'un inconnu, une ou plusieurs des lettres mystérieuses du planisphère cabalistique. Cette lettre est toute une pensée, et cette pensée doit dominer l'existence de cet homme. Si la lettre est tourmentée et se grave péniblement, il y a lutte chez lui entre la fatalité et la volonté, et déjà dans ses émotions et dans ses tendances les plus fortes tout son passé se révèle au mage; l'avenir alors est facile à conjecturer, et si les événements trompent parfois la sagacité du devin, le consultant n'en demeure pas moins étonné et convaincu de la science surhumaine de l'adepte.

La tête de l'homme est faite sur le modèle des sphères célestes, et elle attire et elle rayonne, et c'est elle qui, dans la conception de l'enfant; se manifeste et se forme la première. Elle subit donc d'une manière absolue l'influence astrale et témoigne par ses diverses protubérances de ses diverses attractions. La phrénologie doit donc trouver son dernier mot dans l'astrologie scientifique et épurée, dont nous indiquons les pro—

blèmes à la patience et à la bonne foi des savants.

Suivant Ptolémée, le soleil dessèche, et la lune humecte ; suivant les cabalistes, le soleil représente la Justice rigoureuse, et la lune est sympathique à la Miséricorde. C'est le soleil qui forme les orages ; c'est la lune qui, par une sorte de douce pression atmosphérique, fait croître, décroître et comme respirer la mer. On lit dans le *Sohar*, l'un des grands livres sacrés de la Cabale, que « le Serpent magique, fils du Soleil, allait dévorer le monde, lorsque la Mer, fille de la Lune, lui mit le pied sur la tête et le dompta. » C'est pour cela que, chez les anciens, Vénus était fille de la Mer, comme Diane était identique avec la Lune ; c'est pour cela que le nom de Marie signifie étoile de la mer ou sel de la mer. C'est pour consacrer ce dogme cabalistique dans les croyances du vulgaire qu'on a dit en langue prophétique : C'est la femme qui doit écraser la tête du serpent.

Jérôme Cardan, l'un des plus hardis chercheurs et l'astrologue sans contredit le plus habile de son temps ; Jérôme Cardan, qui fut, si l'on croit la légende de sa mort, le martyr de sa foi en l'astrologie, a laissé un calcul au moyen duquel chacun peut prévoir la bonne ou mauvaise fortune de

toutes les années de sa vie. Il appuie sa théorie
sur ses propres expériences et assure que ce calcul ne l'a jamais trompé. Pour savoir donc quelle
sera la fortune d'une année, il résume les événements de celles qui l'ont précédée par 4, 8, 12,
19 et 30 : le nombre 4 est celui de la réalisation ;
le nombre 8, celui de Vénus ou des choses naturelles ; le nombre 12, qui est celui du cycle de
Jupiter, correspond aux réussites ; au nombre 19
correspondent les cycles de la lune et de Mars ; le
nombre 30 est celui de Saturne ou de la Fatalité.
Ainsi, par exemple, je veux savoir ce qui m'arrivera en cette année 1855 : je repasserai dans ma
mémoire ce qui m'est arrivé de décisif et de réel
dans l'ordre du progrès et de la vie il y a quatre
ans, ce que j'ai eu de bonheur ou de malheur
naturel il y a huit ans, ce que j'ai pu compter de
succès ou d'infortunes il y a douze ans, les vicissitudes et les malheurs ou les maladies qui me sont
venues il y a dix-neuf ans, et ce que j'ai éprouvé
de triste ou de fatal il y a trente ans ; puis, en
tenant compte des faits irrévocablement accomplis
et du progrès de l'âge, je compte sur des chances
analogues à celles que je dois déjà à l'influence
des mêmes planètes, et je dis : En 1851, j'ai eu

des occupations médiocrement mais suffisamment
lucratives, avec quelques embarras de position ; en
1847, j'ai été violemment séparé de ma famille,
et il est résulté de cette séparation de grandes
souffrances pour les miens et pour moi ; en 1843,
j'ai voyagé en apôtre, parlant au peuple et persécuté par les gens mal intentionnés : j'ai été, en
deux mots honoré et proscrit ; enfin, en 1825, la
vie de famille a cessé pour moi, et je me suis
engagé définitivement dans une voie fatale qui
me conduisait à la science et au malheur. Je puis
donc croire que j'aurai cette année travail, pauvreté, gêne, exil du cœur, changement de lieu,
publicité et contradictions, événement décisif pour
le reste de mon existence ; et je trouve déjà dans
le présent toutes sortes de raisons de croire à cet
avenir. J'en conclus que, pour moi et pour l'année
présente, l'expérience confirme parfaitement la
justesse du calcul astrologique de Cardan.

Ce calcul se rapporte d'ailleurs à celui des années
climatériques, ou mieux climactériques, des anciens
astrologues. *Climactériques* veut dire disposées en
échelles ou calculées sur les degrés d'une échelle.
Jean Trithème, dans son livre *Des causes secondes*,
a supputé fort curieusement le retour des années

heureuses ou funestes pour tous les empires du monde ; nous en donnerons.une analyse exacte et plus claire que le livre même dans le chapitre vingt et unième de notre Rituel, avec la continuation du travail de Trithème jusqu'à nos jours et l'application de son échelle magique aux événements contemporains, pour en déduire les probabilités les plus frappantes relativement à l'avenir prochain de la France, de l'Europe et du monde.

Suivant tous les grands maîtres en astrologie, les comètes sont les étoiles des héros exceptionnels et ne visitent la terre que pour lui annoncer de grands changements ; les planètes président aux collections d'êtres et modifient les destinées des agrégations d'hommes ; les étoiles, plus éloignées et plus faibles dans leur action, attirent les individus et décident de leurs attraits ; parfois un groupe d'étoiles influe tout entier sur les destinées d'un seul homme, et souvent un grand nombre d'âmes sont attirées par les rayons lointains d'un même soleil. Lorsque nous mourons, notre lumière intérieure s'en va suivant l'attraction de son étoile, et c'est ainsi que nous revivons dans d'autres univers, où l'âme se fait un nouveau vêtement, ana-

logue aux progrès ou à la décroissance de sa beauté ;
car nos âmes, séparées de nos corps, ressemblent
à des étoiles filantes, ce sont des globules de
lumière animée qui cherchent toujours leur centre
pour retrouver leur équilibre et leur mouvement ;
mais elles doivent avant tout se dégager des
étreintes du serpent, c'est-à-dire de la lumière
astrale non épurée qui les entoure et les captive
tant que la force de leur volonté ne les élève pas
au-dessus. L'immersion de l'étoile vivante dans la
lumière morte est un affreux supplice, comparable
à celui de Mézence. L'âme y gèle et y brûle à la
fois, et n'a d'autre moyen de s'en dégager que de
rentrer dans le courant des formes extérieures et
de prendre une enveloppe de chair, puis de lutter
avec énergie contre les instincts pour affermir la
liberté morale qui lui permettra, au moment de
la mort, de rompre les chaînes de la terre et de
s'envoler triomphante vers l'astre consolateur dont
la lumière lui a souri.

Suivant cette donnée, on comprend ce que c'est
que le feu de l'enfer, identique avec le démon ou
avec l'ancien serpent ; en quoi consistent le salut et la
réprobation des hommes, tous appelés et tous successivement élus, mais en **petit nombre,** après

avoir été exposés par leur faute à tomber dans le feu éternel.

Telle est la grande et sublime révélation des mages, révélation mère de tous les symboles, de tous les dogmes et de tous les cultes.

On peut voir déjà combien Dupuis se trompait lorsqu'il croyait toutes les religions issues seulement de l'astronomie. C'est au contraire l'astronomie qui est née de l'astrologie, et l'astrologie primitive est une des branches de la sainte Cabale, la science des sciences et la religion des religions.

Aussi voit-on à la page dix-septième du Tarot une admirable allégorie : Une femme nue, qui représente à la fois la Vérité, la Nature et la Sagesse, sans voile, penche deux urnes vers la terre et y verse du feu et de l'eau ; au-dessus de sa tête brille le septénaire étoilé autour d'une étoile à huit rayons, celle de Vénus, symbole de paix et d'amour ; autour de la femme verdissent les plantes de la terre, et sur une de ces plantes vient se poser le papillon de Psyché, emblème de l'âme, remplacé dans quelques copies du livre sacré par un oiseau, symbole plus égyptien et probablement plus antique. Cette figure, qui, dans le Tarot

moderne, porte le titre d'Étoile brillante, est analogue à beaucoup de symboles hermétiques, et
n'est pas sans analogie avec l'Étoile flamboyante
des initiés de la franc–maçonnerie, exprimant la
plupart des mystères de la doctrine secrète des
roses-croix.

18 ɤ S.

LES PHILTRES ET LES SORTS.

JUSTITIA.

MYSTERIUM.

CANES.

Nous attaquons maintenant l'abus le plus criminel qui puisse être fait des sciences magiques : c'est la magie, ou plutôt la sorcellerie empoisonneuse. Ici l'on doit comprendre que nous écrivons, non pour enseigner, mais pour prévenir.

Si la justice humaine, en sévissant contre les adeptes, n'eût jamais atteint que les nigromanciens et les sorciers empoisonneurs, il est certain, comme nous l'avons déjà fait remarquer, que ses rigueurs eussent été justes et que les plus sévères intimidations ne pouvaient jamais être excessives contre de pareils scélérats.

Cependant il ne faut pas croire que le pouvoir de vie et de mort qui appartient secrètement au mage ait été toujours exercé pour satisfaire quelque lâche vengeance ou une cupidité plus lâche encore ; au moyen âge comme dans le monde antique, les associations magiques ont souvent foudroyé ou fait lentement périr les révélateurs ou les profanateurs des mystères, et, quand le glaive magique devait s'abstenir de frapper, quand l'effusion du sang était à craindre, l'aqua Toffana, les bouquets aromatisés, les chemises de Nessus, et d'autres instruments de mort plus inconnus et plus étranges, servaient à exécuter tôt ou tard la terrible sentence des francs -juges.

Nous avons dit qu'il existe en magie un grand et indicible arcane, qu'on ne se communique jamais entre adeptes, et qu'il faut empêcher surtout les profanes de deviner ; quiconque autrefois révélait ou faisait trouver aux autres par d'imprudentes révélations la clef de cet arcane suprême était immédiatement condamné à mort et forcé souvent lui-même d'être l'exécuteur de la sentence.

Le fameux dîner prophétique de Cazotte, écrit par Laharpe, n'a pas encore été compris ; et Laharpe, en le racontant, a cédé au désir assez naturel d'émerveiller ses lecteurs en amplifiant les détails. Tous les hommes présents à ce dîner, à l'exception de Laharpe, étaient des initiés et des révélateurs, ou du moins des profanateurs des mystères. Cazotte, plus élevé qu'eux tous sur l'échelle de l'initiation, leur prononça leur arrêt **de** mort au nom de l'illuminisme, et cet arrêt **fut** diversement, mais rigoureusement, exécuté, comme d'autres arrêts semblables l'avaient été plusieurs années et plusieurs siècles auparavant contre l'abbé de Villars, Urbain Grandier et tant d'autres, et les philosophes révolutionnaires périrent comme devaient périr aussi Cagliostro, abandonné dans les prisons de l'inquisition, la bande mystique de Catherine Théos, l'imprudent Scroepfer, forcé de se tuer au milieu de ses triomphes magiques et de l'engoûment universel, le déserteur Kotzebüe, poignardé par Carl Sand, et tant d'autres dont les cadavres sont retrouvés sans qu'on sache la cause de leur mort subite et sanglante.

On se souvient de l'étrange allocution qu'adressa à Cazotte lui-même, en le condamnant à mort, le président du tribunal révolutionnaire, son confrère et son co-initié. Le nœud terrible du drame de 93 est encore caché dans le sanctuaire le plus obscur des sociétés secrètes ; aux adeptes de bonne foi qui voulaient émanciper les peuples, d'autres adeptes, d'une secte opposée, et qui se rattachaient à des

traditions plus anciennes, firent une opposition terrible par des moyens analogues à ceux de leurs
adversaires : ils rendirent la pratique du grand
arcane impossible en démasquant la théorie. La
foule ne comprit rien, mais elle se défia de tous,
et retomba, par découragement, plus bas qu'on
n'avait voulu l'élever. Le grand arcane resta plus
inconnu que jamais ; seulement les adeptes, neutra-
lisés les uns par les autres, n'en purent exercer la
puissance ni pour dominer les autres, ni pour se
délivrer eux-mêmes ; ils se condamnèrent donc
mutuellement comme des traîtres et se vouèrent les
uns les autres à l'exil, au suicide, au poignard et à
l'échafaud.

On me demandera peut-être si des dangers aussi
terribles menacent encore de nos jours, soit les
intrus du sanctuaire occulte, soit les révélateurs de
l'arcane. Pourquoi répondrais-je à l'incrédulité des
curieux ? Si je m'expose à une mort violente pour les
instruire, ils ne me sauveront certainement pas ; s'ils
ont peur pour eux-mêmes, qu'ils s'abstiennent de
toute recherche imprudente : voilà tout ce que je
puis leur dire.

Revenons à la magie empoisonneuse.

Alexandre Dumas, dans son roman de *Monte-*

Cristo, a révélé quelques-unes des pratiques de cette science funeste. Nous ne répéterons pas après lui les tristes théories du crime, comment on empoisonne les plantes, comment les animaux nourris de plantes empoisonnées prennent une chair malsaine, et peuvent, lorsqu'ils servent à leur tour d'aliment aux hommes, leur causer la mort sans que le poison laisse de trace; nous ne dirons pas comment par des onctions venimeuses on empoisonne les murailles des maisons, et l'air respirable par des fumigations qui nécessitent pour l'opérateur le masque de verre de Sainte-Croix ; nous laisserons à l'antique Canidie ses abominables mystères, et nous ne chercherons pas jusqu'à quel point les rites infernaux de Sagane ont perfectionné l'art de Locuste. Qu'il nous suffise de dire que ces malfaiteurs de la pire espèce distillaient ensemble les virus des maladies contagieuses, le venin des reptiles et le suc malfaisant des plantes; qu'ils empruntaient au fungus son humeur vireuse et narcotique, au datura stramonium ses principes asphyxiants, au pêcher et au laurier-amande ce poison dont une seule goutte sur la langue ou dans l'oreille renverse comme un coup de foudre et tue l'être vivant le mieux constitué et le plus fort. Ils faisaient cuire avec le suc blanc de la tithymale le lait où ils avaient noyé des vipères et des aspics ; ils recueillaient avec soin et rapportaient de leurs voyages, ou faisaient venir à grands frais, la séve du mancenilier ou les fruits mortels de Java, le suc du manioc et d'autres poisons ; ils pulvérisaient le silex, mêlaient à des cendres impures la bave desséchée des reptiles ; ils composaient des philtres hideux avec le virus des juments échauffées ou les sécrétions des chiennes en chaleur. Le sang humain se mêlait à des drogues infâmes, et l'on en composait une huile qui tuait par sa seule puanteur : cela rappelle la tarte bourbonnaise de Panurge. On écrivait même des recettes d'empoisonnement en les déguisant sous les termes techniques de l'alchimie, et, dans plus d'un vieux livre prétendu hermétique, le secret de la poudre de projection n'est autre que celui de la poudre de succession. Dans le grand *Grimoire* on trouve encore une de ces recettes, moins déguisée que les autres, mais intitulée seulement *Moyen de faire de l'or :* c'est une horrible décoction de vert-de-gris, de vitriol, d'arsenic et de sciure de bois, qui doit, pour être bonne, consumer immédiatement un rameau qu'on y trempe et ronger rapidement un clou. Jean-Baptise Porta, dans sa *Magie naturelle*, donne une recette du poison des Borgia ; mais, comme on le pense bien, il se moque de son public et ne divulgue pas la vérité, trop dangereuse én pareille matière. Nous pouvons donc donner ici la recette de Porta, seulement pour satisfaire la curiosité de nos lecteurs.

Le crapaud par lui-même n'est pas venimeux, mais c'est une éponge à poisons: c'est le champignon du genre animal. Prenez donc un gros crapaud, dit Porta, et enfermez-le dans un bocal avec des vipères et des aspics ; donnez–leur pour toute nourriture pendant plusieurs jours des champignons vénéneux, de la digitale et de la ciguë, puis irritez-les en les battant, en les brûlant et en les tourmentant de toutes les manières, jusqu'à ce qu'ils meurent de colère et de faim; vous les saupoudrerez alors d'écume de cristal pulvérisé et d'euphorbe, puis vous les mettrez dans une retorte bien bouchée, et vous en absorberez lentement toute l'humidité par le feu ; vous laisserez ensuite refroidir, et vous séparerez la cendre des cadavres de la poussière incombustible qui sera restée au fond de la retorte : vous aurez alors deux poisons, un liquide et un autre en poudre. Le liquide sera aussi efficace que la terrible aqua Toffana; celui en poudre fera dessécher ou vieillir en quelques jours, puis mourir au milieu d'horribles souffrances, ou dans une atonie universelle, celui qui en aura pris une pincée mêlée avec son breuvage. Il faut convenir que cette recette a une physionomie magique des plus laides et des plus noires, et qu'elle rappelle, à soulever le cœur, les abominables cuisines de Canidie et de Médée.

C'étaient de semblables poudres que les sorciers du moyen âge prétendaient recevoir au sabbat, et qu'ils vendaient à grand prix à l'ignorance et à la haine : c'est par la tradition de semblables mystères qu'ils répandaient l'épouvante dans les campagnes et parvenaient à jeter des sorts. Une fois l'imagination frappée, une fois le système nerveux attaqué, la victime dépérissait rapidement, et la terreur même de ses parents et de ses amis achevait sa perte. Le sorcier ou la sorcière était presque toujours une espèce de crapaud humain, tout gonflé de vieilles rancunes, ils étaient pauvres, repoussés de tous, et par conséquent haineux. La crainte qu'ils inspiraient était leur consolation et leur vengeance ; empoisonnés eux-mêmes par une société dont ils n'avaient connu que les rebuts et que les vices, ils empoisonnaient à leur tour ceux qui étaient assez faibles pour les redouter, et se vengaient sur la beauté et sur la jeunesse de leur vieillesse maudite et de leur impardonnable laideur.

L'opération seule de ces mauvaises œuvres et l'accomplissement de ces hideux mystères constituaient et confirmaient ce qu'on appelait alors le pacte avec le mauvais esprit. Il est certain que l'opérateur devait appartenir au mal corps et âme, et qu'il méritait à juste titre la réprobation universelle et irrévocable exprimée par l'allégorie de l'enfer. Que des âmes humaines soient descendues à ce degré de méchanceté et de démence, cela doit nous étonner et nous affliger sans doute ; mais ne faut-il pas une profondeur pour base à la hauteur des plus sublimes vertus, et l'abîme des enfers ne démontre-t-il pas par antithèse l'élévation et la grandeur infinie du ciel ?

Dans le Nord, où les instincts sont plus comprimés et plus vivaces, en Italie, où les passions sont plus expansives et plus ardentes, on redoute encore les sorts et le mauvais œil ; à Naples, on ne brave pas impunément la *jettatura*, et l'on reconnaît même à certains signes extérieurs les êtres

malheureusement doués de cette puissance. Pour
s'en garantir, il faut porter sur soi des cornes,
disent les experts, et le peuple, qui prend tout à
la lettre, s'empresse de se décorer de petites cornes,
sans songer davantage au sens de cette allégorie.
Les cornes, attributs de Jupiter Ammon, de Bac-
chus et de Moïse, sont le symbole de la puissance
morale ou de l'enthousiasme ; et les magiciens
veulent dire que, pour braver la jettatura, il faut
dominer par une grande audace, par un grand
enthousiasme ou par une grande pensée le courant
fatal des instincts. C'est ainsi que presque toutes
les superstitions populaires sont les interprétations
profanes de quelque grand axiome ou de quelque
merveilleux arcane de la sagesse occulte. Pythagore, en écrivant ses admirables symboles, n'a-t-il
pas légué aux sages une philosophie parfaite, et au
vulgaire une nouvelle série de vaines observances
et de pratiques ridicules ? Ainsi, quand il disait :
Ne ramasse pas ce qui tombe de la table, ne coupe
pas les arbres du grand chemin, ne tue pas le serpent qui est tombé dans ton enclos, ne donnait-il
pas sous des allégories transparentes les préceptes
de la charité, soit sociale, soit particulière ? Et
quand il disait : Ne te regarde pas au miroir à la

lumière du flambeau, n'était-ce pas une manière ingénieuse d'enseigner la vraie connaissance de soi-même, qui ne saurait exister avec les lumières factices et les préjugés des systèmes? Il en est de même de tous les autres préceptes de Pythagore, qui, comme on le sait, ont été suivis à la lettre par une foule de disciples imbéciles, au point que, parmi les observances superstitieuses de nos provinces, il en est un assez grand nombre qui remontent évidemment à l'inintelligence primitive des symboles de Pythagore.

Superstition vient d'un mot latin qui signifie survivre. C'est le signe qui survit à la pensée ; c'est le cadavre d'une pratique religieuse. La superstition est à l'initiation ce que l'idée du diable est à celle de Dieu. C'est en ce sens que le culte des images est défendu et que le dogme le plus saint dans sa conception première peut devenir superstitieux et impie lorsqu'on en a perdu l'inspiration et l'esprit. C'est alors que la religion, toujours une comme la raison suprême, change de vêtements et abandonne les anciens rites à la cupidité et à la fourberie des prêtres déchus, métamorphosés, par leur méchanceté et leur ignorance, en charlatans et en jongleurs.

ADONAI
PITAGORE
EZECHIEL

On peut comparer aux superstitions les emblèmes et les caractères magiques dont le sens
n'est plus compris, et qu'on grave au hasard sur
les amulettes et les talismans. Les images magiques
des anciens étaient des pantacles, c'est-à-dire des
synthèses cabalistiques. La roue de Pythagore est
un pantacle analogue à celui des roues d'Ézéchiel,
et ces deux figures sont les mêmes secrets et la
même philosophie : c'est la clef de tous les pantacles, et nous en avons déjà parlé. Les quatre
animaux, ou plutôt les sphinx à quatre têtes du
même prophète, sont identiques avec un admirable
symbole indien dont nous donnons ici la figure, et
qui se rapporte à la science du grand arcane.
Saint Jean, dans son *Apocalypse*, a copié et ampli-
fié Ézéchiel, et toutes les figures monstrueuses de
ce livre merveilleux sont autant de pantacles magiques dont les cabalistes trouvent facilement la
clef. Mais les chrétiens, ayant rejeté la science dans
le désir d'amplifier la foi, voulurent cacher plus
tard les origines de leur dogme, et condamnèrent
au feu tous les livres de cabale et de magie. Anéantir les originaux, c'est donner une sorte d'origi-
nalité aux copies, et saint Paul le savait sans doute

bien lorsque, dans les intentions les plus louables
sans doute, il accomplissait son auto-da-fé scientifique d'Éphèse. C'est ainsi que, six siècles plus
tard, le croyant Omar devait sacrifier à l'origina-
lité du *Coran* la bibliothèque d'Alexandrie, et qui
sait si, dans l'avenir, un futur apôtre ne voudra
pas incendier nos musées littéraires et confisquer
l'imprimerie au profit de quelque engoûment religieux et de quelque légende nouvellement accré-
ditée ?

L'étude des talismans et des pantacles est une
des plus curieuses branches de la magie, et se rattache à la numismatique historique.

Il existe des talismans indiens, égyptiens et grecs,
des médailles cabalistiques venant des Hébreux
anciens et modernes, des abraxas gnostiques, des
amulettes byzantines, des monnaies occultes en
usage parmi les membres des sociétés secrètes et
nommées quelquefois jetons du sabbat, puis des
médailles des Templiers et des bijoux de francs-
maçons. Coglénius, dans son *Traité des merveilles
de la nature*, décrit les talismans de Salomon et
ceux du rabbin Chaël. La figure d'un plus grand
nombre d'autres et des plus anciens a été gravée

dans les calendriers magiques de **Tycho-Brahé** et de Duchenteau, et doivent être reproduits en totalité ou en partie dans les fastes initiatiques de **M. Ragon**, vaste et savant travail auquel nous renvoyons nos lecteurs.

19 ף T.

LA PIERRE DES PHILOSOPHES. — ELAGABALE.

VOCATIO.

SOL.

AURUM.

Les anciens adoraient le soleil sous la forme d'une pierre noire qu'ils nommaient Elagabale ou Héliogabale. Que signifiait cette pierre, et comment pouvait-elle être l'image du plus brillant des astres ?

Les disciples d'Hermès, avant de promettre à leurs adeptes l'élixir de longue vie ou la poudre de projection, leur recommandent de chercher la *pierre* philosophale. Qu'est-ce que cette *pierre*, et pourquoi une pierre ?

Le grand initiateur des chrétiens invite ses fidèles à bâtir sur la *pierre*, s'ils ne veulent voir leurs constructions renversées. Il se nomme lui-même la *pierre* angulaire, et il dit au plus croyant de ses apôtres : « Appelle-toi *Pierre*, car tu es la *pierre* sur laquelle je bâtirai mon Église. »

Cette *pierre*, disent les maîtres en alchimie,

c'est le vrai sel des philosophes, qui entre pour un tiers dans la composition de l'azoth. Or AZOTH est, comme on sait, le nom du grand agent hermétique et du véritable agent philosophal; aussi représentent-ils leur sel sous la forme d'une pierre cube, comme on peut le voir dans les douze clefs de Basile Valentin ou dans les allégories du Trévisan.

Qu'est-ce donc, en vérité, que cette pierre? C'est le fondement de la philosophie absolue, c'est la suprême et inébranlable raison. Avant de songer à l'œuvre métallique, il faut être à jamais fixé sur les principes absolus de la sagesse, il faut posséder cette raison qui est la pierre de touche de la vérité. Jamais un homme à préjugés ne sera le roi de la nature et le maître des transmutations. La pierre philosophale est donc avant tout nécessaire; mais comment la trouver? Hermès nous l'apprend dans sa table d'émeraude. Il faut séparer le subtil du fixe, avec un grand soin et une attention extrême. Ainsi nous devons dégager nos certitudes de nos croyances et rendre bien distincts les domaines respectifs de la science et de la foi; bien comprendre que nous ne savons pas les choses que nous croyons, et que nous ne croyons plus aucune des

choses que nous parvenons à savoir, et qu'ainsi
l'essence des choses de la foi, c'est l'inconnu et
l'indéfini, tandis qu'il en est tout au contraire des
choses de la science. On en conclura que la science
repose sur la raison et l'expérience, tandis que la
foi a pour base le sentiment et la raison. En d'autres
termes, la pierre philosophale, c'est la vrai certitude que la prudence humaine assure aux recherches consciencieuses et au doute modeste, tandis
que l'enthousiasme religieux la donne exclusivement à la foi. Or, elle n'appartient ni à la raison
sans aspirations ni aux aspirations déraisonnables;
la vraie certitude, c'est l'acquiescement récipro-
que de la raison qui sait au sentiment qui croit,
et du sentiment qui croit à la raison qui sait.
L'alliance définitive. de la raison et de la foi
résultera non de leur distinction et de leur séparation absolues, mais de leur contrôle mutuel et
de leur fraternel concours. Tel est le sens des
deux colonnes du portique de Salomon, dont l'une
s'appelle Jakin et l'autre Bohas, dont l'une est
blanche et l'autre noire. Elles sont distinctes et
séparées, elles sont même contraires en apparence;
mais, si la force aveugle veut les réunir en les rap-
prochant, la voûte du temple s'écroulera : car,

séparées, elles ont une même force ; réunies, elles sont deux forces qui se détruisent mutuellement. C'est pour la même raison que le pouvoir spirituel s'affaiblit dès qu'il veut usurper le temporel, et que le pouvoir temporel périt victime de ses empiétements sur le pouvoir spirituel. Grégoire **VII** a perdu la papauté, et les rois schismatiques ont perdu et perdront la monarchie. L'équilibre humain a besoin de deux pieds, les mondes gravitent sur deux forces, la génération exige deux sexes. Tel est le sens de l'Arcane de Salomon, figuré par les deux colonnes du temple, Jakin et Bohas.

Le soleil et la lune des alchimistes correspondent au même symbole et concourent au perfectionnement et à la stabilité de la pierre philosophale. Le soleil est le signe hiéroglyphique de la vérité, parce que c'est la source visible de la lumière, et la pierre brute est le symbole de la stabilité. C'est pourquoi les anciens mages prenaient la pierre Elagabale pour la figure même du soleil, et c'est pour cela aussi que les alchimistes du moyen âge indiquaient la pierre philosophale comme le premier moyen de faire l'or philosophique, c'est-à-dire de transformer toutes les puissances vitales figurées par les six métaux en soleil, c'est-à-dire en vérité et en lumière, première et indispensable opération du grand œuvre, qui conduit aux adaptations secondaires, et qui fait, par les analogies de la nature, trouver l'or naturel et grossier aux créateurs de l'or spirituel et vivant, aux possesseurs du vrai sel, du vrai mercure et du vrai soufre philosophiques.

Trouver la pierre philosophale, c'est donc avoir découvert l'absolu, comme le disent d'ailleurs tous les maîtres. Or, l'absolu, c'est ce qui n'admet plus d'erreurs, c'est le fixe du volatil, c'est la règle de l'imagination, c'est la nécessité même de l'être, c'est la loi immuable de raison et de vérité ; l'absolu, c'est ce qui est. Or ce qui est est en quelque sorte avant celui qui est. Dieu même n'est pas sans raison d'être et ne peut exister qu'en vertu d'une suprême et inévitable raison. C'est donc cette raison qui est l'absolu ; c'est à elle que nous devons croire, si nous voulons que notre foi ait une base raisonnable et solide. On a pu dire de nos jours que Dieu n'est qu'une hypothèse, mais la raison absolue n'en est pas une : elle est essentielle à l'être.

Saint Thomas a dit : « Une chose n'est pas juste parce que Dieu la veut, mais Dieu la veut parce qu'elle est juste. » Si saint Thomas avait déduit logiquement toutes les conséquences de cette belle pensée, il eût trouvé la pierre philosophale, et, au lieu de se borner à être l'ange de l'école, il en eût été le réformateur.

Croire à la raison de Dieu et au Dieu de la raison, c'est rendre l'athéisme impossible. Ce sont les idolâtres qui ont fait les athées. Lorsque Voltaire disait : « Si Dieu n'existait pas, il faudrait l'inventer, » il sentait plutôt qu'il ne comprenait la raison de Dieu. Dieu existe-t-il réellement ? Nous n'en savons rien, mais nous désirons que cela soit, et c'est pour cela que nous le croyons. La foi formulée ainsi est la foi raisonnable, car elle admet le doute de la science ; et en effet, nous ne croyons qu'aux choses qui paraissent probables, mais que nous ne savons pas. Penser autrement, c'est délirer ; parler autrement, c'est s'exprimer en illuminés ou en fanatiques. Or, ce n'est pas à de pareilles gens que la pierre philosophale est promise.

Les ignorants qui ont détourné le christianisme primitif de sa voie en substituant la foi à la science, le rêve à l'expérience, le fantastique à la réalité ; les inquisiteurs qui ont fait pendant tant de siècles à la magie une guerre d'extermination, sont parvenus à couvrir de ténèbres les anciennes découvertes de l'esprit humain; en sorte que nous tâtonnons aujourd'hui pour retrouver la clef des phénomènes de la nature. Or, tous les phénomènes naturels dépendent d'une seule et immuable loi, représentée aussi par la pierre philosophale et surtout par sa forme symbolique, qui est le cube. Cette loi, exprimée dans la cabale par le quaternaire, avait fourni aux Hébreux tous les mystères de leur tétragramme divin. On peut donc dire que la pierre philosophale est carrée en tous sens, comme la Jérusalem céleste de saint Jean, et qu'elle porte écrit d'un côté le nom de שלמה, de l'autre celui de Dieu; sur une de ses faces celui d'Adam, sur l'autre celui d'Héva, puis ceux d'Azot et Inri sur les deux autres côtés. En tête d'une traduction française d'un livre du sieur de Nuisement sur le sel philosophique, on voit l'esprit de la terre debout sur un cube que parcourent des langues de feu; il a pour phallus un caducée, et le soleil et la lune sur la poitrine, à droite et à gauche; il est barbu, couronné, et tient un sceptre à la main. C'est l'*Azoth* des sages sur son piédestal de sel et de soufre. On donne quelquefois à cette image la tête symbolique du bouc de Mendès; c'est le Baphomet des Templiers, le bouc du sabbat et le verbe des gnostiques; images bizarres qui ont servi d'épouvantails au vulgaire après avoir servi aux méditations des sages, hiéroglyphes innocents de la pensée et de la foi qui ont servi de prétexte aux fureurs des persécutions. Combien les hommes sont malheureux dans leur ignorance, mais combien ils se mépriseraient eux-mêmes s'ils parvenaient à la connaître !

20 ᴛ U

LA MÉDECINE UNIVERSELLE.

CAPUT.

RESURRECTIO.

CIRCULUS.

La plupart de nos maladies physiques viennent de nos maladies morales, suivant le dogme magique unique et universel, et en raison de la loi des analogies.

Une grande passion à laquelle on s'abandonne correspond toujours à une grande maladie qu'on se prépare. Les péchés mortels sont ainsi nommés parce qu'ils font physiquement et positivement mourir.

Alexandre le Grand est mort d'orgueil. Il était naturellement tempérant, et s'abandonna par orgueil aux excès qui lui donnèrent la mort.

François Ier est mort d'un adultère.

Louis XV est mort de son Parc-aux-Cerfs.

Quand Marat fut assassiné, il se mourait de colère et d'envie. C'était un monomane d'orgueil qui se croyait seul juste, et aurait voulu tuer tout ce qui n'était pas Marat.

Plusieurs de nos contemporains sont morts d'ambition déçue après la révolution de février.

Dès que votre volonté est irrévocablement confirmée dans une tendance à l'absurde, vous êtes mort, et l'écueil où vous vous briserez n'est pas loin.

Il est donc vrai de dire que la sagesse conserve et prolonge la vie.

Le grand Maître a dit : « Ma chair est une nourriture et mon sang un breuvage. Mangez ma chair et buvez mon sang, vous aurez la vie. » Et comme le vulgaire murmurait, il ajouta : « La chair n'est pour rien ici ; les paroles que je vous dis sont esprit et vie. » Il voulait donc dire : Abreuvez-vous de mon esprit et vivez de ma vie.

Et, lorsqu'il allait mourir, il attacha le souvenir de sa vie au signe du pain et celui de son esprit au signe du vin, et institua ainsi la communion de la foi, de l'espérance et de la charité.

C'est dans le même sens que les maîtres hermétiques ont dit : Rendez l'or potable, et vous aurez la médecine universelle ; c'est-à-dire : Appropriez la vérité à vos usages, qu'elle devienne la source à laquelle vous vous abreuverez tous les jours, et vous aurez en vous-mêmes l'immortalité des sages.

La tempérance, la tranquillité d'âme, la simplicité de caractère, le calme et la raison de la volonté, rendent l'homme non-seulement heureux, mais bien portant et fort. C'est en se rendant raisonnable et bon que l'homme se rend immortel. Nous sommes les auteurs de nos destinées, et Dieu ne nous sauve pas sans notre concours.

La mort n'existe pas pour le sage : la mort est un fantôme rendu horrible par l'ignorance et la faiblesse du vulgaire.

Le changement atteste le mouvement, et le mouvement ne révèle que la vie. Le cadavre même ne se décomposerait pas s'il était mort : toutes les molécules qui le composaient restent vivantes et se meuvent pour se dégager. Et vous penseriez que l'esprit s'est dégagé le premier pour ne plus vivre ! vous croiriez que la pensée et l'amour peuvent mourir quand la matière même la plus grossière ne meurt pas !

Si le changement doit être appelé la mort, nous mourons et nous renaissons tous les jours, car tous les jours nos formes changent.

Craignons donc de salir et de déchirer nos vêtements, mais ne craignons pas de les quitter quand vient l'heure du repos.

L'embaumement et la conservation des cadavres
sont une superstition contre nature. C'est un essai
de création de la mort; c'est l'immobilisation forcée d'une substance dont la vie a besoin. Mais il ne
faut pas non plus trop se hâter de détruire ou de
faire disparaître les cadavres; car rien ne s'accomplit brusquement dans la nature, et l'on ne
doit pas risquer de rompre violemment les liens
d'une âme qui se détache.

La mort n'est jamais instantanée ; elle s'opère
par degrés, comme le sommeil. Tant que le sang
n'est pas complétement refroidi, tant que les nerfs
peuvent tressaillir, l'homme n'est pas complète-
ment mort, et, si aucun des organes essentiels à la
vie n'est détruit, l'âme peut être rappelée, soit par
accident, soit par une volonté forte.

Un philosophe a dit qu'il douterait du témoignage universel plutôt que de croire à la résurrection d'un mort, et en cela il a parlé témérairement ; car c'est sur la foi du témoignage universel
qu'il croyait à l'impossibilité d'une résurrection.
Qu'une résurrection soit prouvée, qu'en résultera-
t-il? qu'il faudra nier l'évidence ou renoncer à la
raison? Ce serait absurde de le supposer. Il faudra conclure tout simplement qu'on avait cru à

tort le résurrectionnisme impossible. *Ab actu ad posse valet consecutio.*

Osons affirmer maintenant que la résurrection est possible, et qu'elle arrive même plus souvent qu'on ne croit. Combien de personnes dont la mort a été juridiquement et scientifiquement constatée ont été retrouvées mortes, il est vrai, dans leur bière, mais ayant revécu, et s'étant rongé les poings pour s'ouvrir les artères et échapper par une nouvelle mort à d'horribles souffrances. Un médecin nous dira que ces personnes n'étaient pas mortes, mais en léthargie. Mais qu'est-ce que la léthargie? C'est le nom que vous donnez à la mort commencée qui ne s'achève pas, à la mort que vient démentir un retour à la vie. On se tire toujours facilement d'affaire avec des mots, quand il est impossible d'expliquer les choses.

L'âme tient au corps par la sensibilité, et, dès que la sensibilité cesse, c'est un signe certain que l'âme s'éloigne. Le sommeil magnétique est une léthargie ou une mort factice, et guérissable à volonté. L'éthérisation ou la torpeur produite par le chloroforme est une léthargie véritable qui finit quelquefois par une mort définitive, quand l'âme, heureuse de son dégagement passager, fait

effort de volonté pour s'en aller définitivement :
ce qui est possible chez ceux qui ont vaincu l'enfer,
c'est-à-dire dont la force morale est supérieure à
celle de l'attraction astrale. Aussi la résurrection
n'est-elle possible que pour les âmes élémentaires,
et ce sont elles surtout qui sont exposées à revivre involontairement dans la tombe. Les grands
hommes et les vrais sages ne sont jamais enterrés
vivants.

Nous donnerons dans notre Rituel la théorie et
la pratique du résurrectionnisme, et, à ceux qui
me demanderont si j'ai ressuscité des morts, je
répondrai que, si je le leur disais, ils ne me croi-
raient pas.

Il nous reste à examiner ici si l'abolition de la
douleur est possible, et s'il est salutaire d'employer
le chloroforme ou le magnétisme pour les opérations chirugicales. Nous pensons, et la science le
reconnaîtra plus tard, qu'en diminuant la sensibilité on diminue la vie, et que tout ce qu'on ôte à la
douleur en pareilles circonstances tourne au profit
de la mort. La douleur atteste la lutte de la vie ;
aussi remarque-t-on que, chez les personnes opé-
rées en léthargie, les pansements sont excessive-
ment douloureux. Si l'on réitérait à chaque panse-

ment l'engourdissement par le chloroforme, il arriverait de deux choses l'une : ou que le malade mourrait, ou qu'entre les pansements la douleur reviendrait et serait continue. On ne violente pas impunément la nature.

21 ʊ X.

LA DIVINATION.

DENTES.

FURCA.

AMENS.

L'auteur de ce livre a beaucoup osé dans sa vie, et jamais une crainte n'a retenu sa pensée captive. Ce n'est pourtant pas sous une légitime terreur qu'il arrive à la fin du dogme magique.

Il s'agit maintenant de révéler ou plutôt de revoiler le grand Arcane, ce secret terrible, ce secret de vie et de mort exprimé dans la Bible par ces formidables et symboliques paroles du serpent symbolique lui-même : I Nequaquam moriemini, II Sed eritis, III Sicut Dii; IV Scientes bonum et malum.

L'un des priviléges de l'initié au grand Arcane, et celui qui résume tous les autres, c'est la *Divination.*

Suivant le sens vulgaire du mot, deviner signi-fie conjecturer ce qu'on ignore; mais le vrai sens du mot est ineffable à force d'être sublime. Devi-

ner (*divinari*), c'est exercer la divinité. Le mot *divinus*, en latin, signifie plus et autre chose que le
mot *divus*, dont le sens est l'équivalent de l'homme-
dieu. *Devin*, en français, contient les quatre lettres du mot Dieu, plus la lettre א, qui correspond,
par sa forme, à l'aleph hébreu א , et qui exprime
cabalistiquement et hiéroglyphiquement le grand
Arcane, dont le symbole, dans le Tarot, est la figure
du bateleur.

Celui qui comprendra parfaitement la valeur
numérale absolue d'א multiplié par א, avec la
force grammaticale de l'א finale dans les mots qui
expriment *science*, *art* ou *puissance*, puis qui addi-
tionnera les cinq lettres du mot Devin, de manière
à faire rentrer cinq dans quatre, quatre dans
trois, trois en deux et deux en un, celui-là, en
traduisant le nombre qu'il trouvera en lettres
hébraïques primitives, écrira le nom occulte du
grand Arcane, et possédera un mot dont le saint
tétragramme lui-même n'est que l'équivalent et
comme l'image.

Être devin, suivant la force du mot, c'est donc
être divin, et quelque chose de plus mystérieux
encore.

Les deux signes de la divinité humaine, ou de

l'humanité divine, sont les prophéties et les miracles.

Être prophète, c'est voir d'avance les effets qui
existent dans les causes, c'est lire dans la lumière
astrale; faire des miracles, c'est agir sur l'agent
universel et le soumettre à notre volonté.

On demandera à l'auteur de ce livre s'il est prophète et thaumaturge.

Que les curieux recherchent et lisent tout ce
qu'il a écrit avant certains événements qui se sont
accomplis dans le monde. Quant à ce qu'il a pu dire
et faire, s'il le racontait, et qu'il y eût réellement
quelque chose de merveilleux, voudrait-on le croire
sur parole?

D'ailleurs, une des conditions essentielles de la
divination, c'est de n'être jamais forcée et de ne
se soumettre jamais à la tentation, c'est-à-dire à
l'épreuve. Jamais les maîtres de la science n'ont
cédé à la curiosité de personne. Les sibylles brûlent leurs livres quand Tarquin refuse de les apprécier à leur juste valeur; le grand Maître se tait
lorsqu'on lui demande des signes de sa mission
divine; Agrippa meurt de misère plutôt que d'obéir
à ceux qui exigent de lui un horoscope. Donner
des preuves de la science à ceux qui doutent de la

science même, c'est initier des indignes, c'est profaner l'or du sanctuaire, c'est mériter l'excommunication des sages et la mort des révélateurs.

L'essence de la divination, c'est-à-dire le grand Arcane magique, est figurée par tous les symboles de la science, et se lie étroitement au dogme unique et primitif d'Hermès. En philosophie, il donne la certitude absolue; en religion, le secret universel de la foi; en physique, la composition, la décomposition, la recomposition, la réalisation et l'adaptation du mercure philosophal, nommé azoth par les alchimistes; en dynamique, il multiplie nos forces par celles du mouvement perpétuel; il est à la fois mystique, métaphysique et matériel, avec correspondances d'effets dans les trois mondes; il procure charité en Dieu, vérité en science et or en richesse; car la transmutation métallique est à la fois une allégorie et une réalité, comme le savent bien tous les adeptes de la vraie science.

Oui, l'on peut réellement et matériellement faire de l'or avec la pierre des sages, qui est un amalgame de sel, de soufre et de mercure combinés trois fois en azoth par une triple sublimation et une triple fixation. Oui, l'opération est souvent facile et peut se faire dans un jour, dans un in-

stant ; d'autres fois elle demande des mois et des
années. Mais, pour réussir dans le grand œuvre,
il faut être *divinus*, ou devin, dans le sens cabalistique du mot, et il est indispensable d'avoir
renoncé, pour son intérêt personnel, à l'avantage
des richesses, dont on devient ainsi le dispensateur.
Raymond Lulle enrichissait des souverains, semait
l'Europe de ses fondations et restait pauvre ; Nicolas Flamel, qui est bien mort, quoi qu'en dise sa
légende, n'a trouvé le grand œuvre qu'après être
parvenu par l'ascétisme à un détachement complet
des richesses. Il fut initié par l'intelligence qu'il
eut soudainement du livre d'*Asch Mezareph*, écrit
en hébreu par le cabaliste Abraham, le même peut-
être qui a rédigé le *Sepher Jésirah*. Or cette intelligence fut, chez Flamel, une intuition méritée ou
plutôt rendue possible par les préparations personnelles de l'adepte. Je crois en avoir dit assez.

La divination est donc une intuition, et la clef
de cette intuition est le dogme universel et magique
des analogies. C'est par les analogies que le mage
interprète les songes, comme nous voyons dans la
Bible que le patriarche Joseph le faisait autrefois
en Égypte : car les analogies dans les reflets de la
lumière astrale sont rigoureuses comme les nuances

des couleurs dans la lumière solaire, et peuvent être calculées et expliquées avec une grande exactitude. Il est seulement indispensable de connaître le degré de vie intellectuelle du rêveur, et on le révélera à lui-même tout entier par ses propres songes jusqu'à le jeter dans un profond étonnement.

Le somnambulisme, les pressentiments et la seconde vue ne sont qu'une disposition, soit accidentelle, soit habituelle, à rêver dans un sommeil volontaire ou tout éveillé, c'est-à-dire à percevoir les reflets analogiques de la lumière astrale. Nous expliquerons tout ceci jusqu'à l'évidence dans notre Rituel, lorsque nous donnerons le moyen tant cherché de produire et de diriger régulièrement les phénomènes magnétiques. Quant aux instruments divinatoires, ils sont simplement un moyen de communication entre le devin et le consultant, et ne servent souvent qu'à fixer les deux volontés sur un même signe; les figures vagues, compliquées, mobiles, aident à rassembler les reflets du fluide astral, et c'est ainsi qu'on voit dans le marc de café, dans les nuages, dans le blanc d'œuf, etc., des formes fatidiques, et existant seulement dans le *translucide*, c'est-à-dire dans l'imagination des opérateurs. La vision dans l'eau s'opère par éblouissement et fatigue du nerf optique, qui cède ses fonctions au translucide et produit une illusion du cerveau qui prend pour des images réelles les reflets de la lumière astrale; aussi les personnes nerveuses, ayant la vue faible et l'imagination vive, sont-elles plus propres à ce genre de divination, qui réussit surtout lorsqu'elle est faite par des enfants. Or, qu'on ne se méprenne pas ici sur la fonction que nous attribuons à l'imagination dans les arts divinatoires. On voit par l'imagination sans doute, et c'est là le côté naturel du miracle, mais on voit des choses vraies, et c'est en cela que consiste le merveilleux de l'œuvre naturelle. Nous en appelons à l'expérience de tous les véritables adeptes. L'auteur de ce livre a experimenté tous les genres de divination, et a obtenu des résultats toujours proportionnels à l'exactitude de ses opérations scientifiques et à la bonne foi de ses consultants.

Le Tarot, ce livre miraculeux, inspirateur de tous les livres sacrés des anciens peuples, est, à cause de la précision analogique de ses figures et de ses nombres, l'instrument de divination le plus parfait qui puisse être employé avec une entière confiance. En effet, les oracles de ce livre sont toujours rigoureusement vrais, au moins dans un sens, et, lorsqu'il ne prédit rien, il révèle toujours des choses cachées et donne aux consultants les plus sages conseils. Alliette, qui de perruquier devint cabaliste au siècle dernier, après avoir passé trente ans à méditer sur le Tarot, Alliette, qui s'appelait cabalistiquement Etteilla, en lisant son nom comme on doit lire l'hébreu, a été bien près de retrouver tout ce qui était caché dans ce livre étrange ; mais il n'arriva qu'à déplacer les clefs du Tarot, faute de les comprendre, et il a interverti l'ordre et le caractère des figures sans en détruire entièrement les analogies, tant elles sont sympathiques et correspondantes les unes avec les autres. Les écrits d'Etteilla, devenus assez rares, sont obscurs, fatigants, et d'un style vraiment barbare ; tous n'ont pas été imprimés, et des manuscrits de ce père des tireurs de cartes modernes sont encore entre les mains d'un libraire de Paris, qui a bien voulu nous les montrer. Ce qu'on y peut voir de plus remarquable, ce sont les études opiniâtres et la bonne foi incontestable de l'auteur, qui a pressenti toute sa vie la grandeur des sciences occultes, et a dû mourir à la porte du sanctuaire sans avoir pu jamais pénétrer au delà du voile. Il estimait peu Agrippa, faisait grand cas de Jean Belot, et ne connaissait rien à la philosophie de Paracelse ; mais il avait une intuition très exercée, une volonté très persévérante, et plus de rêverie que de jugement : c'était trop peu pour faire un mage, mais c'était plus qu'il ne fallait pour faire un devin vulgaire très habile, et par conséquent très accrédité. Aussi Etteilla eut-il un succès de vogue auquel un magicien plus savant aurait peut-être tort de ne pas prétendre, mais ne prétendrait certainement pas.

En disant, à la fin de notre Rituel, le dernier mot du Tarot, nous indiquerons la manière complète de le lire, et par conséquent de le consulter, non-seulement sur les chances probables de la destinée, mais aussi et surtout sur les problèmes de la philosophie et de la religion, dont il donne une solution toujours certaine et de la plus admirable précision, si on l'explique dans l'ordre hiérarchique de l'analogie des trois mondes avec les trois couleurs et les quatre nuances qui composent le septénaire sacré. Tout ceci appartient à la pratique positive de la magie, et ne peut être que sommairement indiqué et établi seulement en principe dans cette première partie qui contient exclusivement le dogme de la haute magie et la clef philosophique et religieuse des hautes sciences, connues ou plutôt ignorées sous le nom de sciences occultes.

22 ת Z.

RÉSUMÉ ET CLEF GÉNÉRALE DES QUATRE SCIENCES OCCULTES.

SIGNA.

THOT.

PAN.

Résumons maintenant toute la science par des principes..

L'analogie est le dernier mot de la science et le premier mot de la foi.

L'harmonie est dans l'équilibre, et l'équilibre subsiste par l'analogie des contraires.

L'unité absolue, c'est la raison suprême et dernière des choses. Or cette raison ne peut être ni une personne ni trois personnes : c'est une raison, et c'est la raison par excellence.

Pour créer l'équilibre il faut séparer et unir : séparer par les pôles, unir par le centre.

Raisonner sur la foi, c'est détruire la foi ; faire du mysticisme en philosophie, c'est attenter à la raison.

La raison et la foi s'excluent mutuellement par leur nature et s'unissent par l'analogie.

L'analogie est le seul médiateur possible entre le visible et l'invisible, entre le fini et l'infini. Le dogme est l'hypothèse toujours ascendante d'une équation présumable.

Pour l'ignorant, c'est l'hypothèse qui est l'affirmation absolue, et l'affirmation absolue qui est l'hypothèse.

Il y a dans la science des hypothèses nécessaires, et celui qui cherche à les réaliser agrandit la science sans restreindre la foi : car de l'autre côté de la foi il y a l'infini.

On croit ce qu'on ignore, mais ce que la raison veut qu'on admette. Définir l'objet de la foi et le circonscrire, c'est donc formuler l'inconnu. Les professions de foi sont les formules de l'ignorance et des aspirations de l'homme. Les théorèmes de la science sont les monuments de ses conquêtes.

L'homme qui nie Dieu est aussi fanatique que celui qui le définit avec une prétendue infaillibilité. On définit ordinairement Dieu en disant tout ce qu'il n'est pas.

L'homme fait Dieu par une analogie du moins au plus : il en résulte que la conception de Dieu chez l'homme est toujours celle d'un homme infini qui fait de l'homme un Dieu fini.

L'homme peut réaliser ce qu'il croit dans la mesure de ce qu'il sait en raison de ce qu'il ignore, et fait tout ce qu'il veut dans la mesure de ce qu'il croit et en raison de ce qu'il sait.

L'analogie des contraires, c'est le rapport de la lumière à l'ombre, de la saillie au creux, du plein au vide. L'allégorie, mère de tous les dogmes, est la substitution des empreintes aux cachets, des ombres aux réalités. C'est le mensonge de la vérité et la vérité du mensonge.

On n'invente pas un dogme, on voile une vérité, et il se produit une ombre en faveur des yeux faibles. L'initiateur n'est pas un imposteur, c'est un révélateur ; c'est-à-dire, suivant l'expression du mot latin *revelare,* un homme qui voile de nouveau. C'est le créateur d'une nouvelle ombre.

L'analogie est la clef de tous les secrets de la nature et la seule raison d'être de toutes les révélations.

Voilà pourquoi les religions semblent être écrites dans le ciel et dans toute la nature ; cela doit être : car l'œuvre de Dieu est le livre de Dieu, et dans ce qu'il écrit on doit voir l'expression de sa pensée, et par conséquent de son être, puisque nous ne le concevons que comme la pensée suprême. Dupuis et Volney n'ont vu qu'un plagiat dans cette splendide analogie qui aurait dû les amener à reconnaître la catholicité, c'est-à-dire l'universalité du dogme primitif, unique, magique, cabalistique et immuable de la révélation par l'analogie.

L'analogie donne au mage toutes les forces de la nature; l'analogie est la quintessence de la pierre philosophale, c'est le secret du mouvement perpétuel, c'est la quadrature du cercle, c'est le temple qui repose sur les deux colonnes JAKIN et BOHAS, c'est la clef du grand arcane, c'est la racine de l'arbre de vie, c'est la science du bien et du mal.

Trouver l'échelle exacte des analogies dans les choses appréciables par la science, c'est fixer les bases de la foi et s'emparer ainsi de la baguette des miracles. Or, il existe un principe et une formule rigoureuse, qui est le grand arcane. Que le sage ne cherche pas, il a déjà trouvé; mais que le vulgaire cherche toujours, il ne trouvera jamais.

La transmutation métallique s'opère spirituellement et matériellement par la clef positive des analogies.

La médecine occulte n'est que l'exercice de la volonté appliquée à la source même de la vie, a cette lumière astrale dont l'existence est un fait, et dont le mouvement est conforme aux calculs dont l'échelle ascendante et descendante est le grand arcane magique.

Cet arcane universel, dernier et éternel secret de la haute initiation, est représenté dans le Tarot par une jeune fille nue qui ne touche la terre que d'un pied, tient une baguette aimantée de chaque main, et semble courir dans une couronne que supportent un ange, un aigle, un bœuf et un lion. Cette figure est analogue quant au fond des choses au cherub de Jekeskiel, dont nous donnons la figure, et au symbole indien d'Addhanari, analogue à l'Ado-naï de Jekeskiel, que nous nommons vulgairement Ezéchiel.

L'intelligence de cette figure est la clef de toutes les sciences occultes. Les lecteurs de mon livre doivent déjà la comprendre philosophiquement, s'ils se sont un peu familiarisés avec le symbolisme de la cabale. Il nous reste maintenant à réaliser; ce qui est la seconde et la plus importante opération du grand œuvre. Trouver la pierre philosophale, c'est quelque chose sans doute; mais comment doit-on la triturer pour en faire la poudre de projection? Quel est l'usage de la baguette magique? Quelle est la puissance réelle des noms divins de la cabale? Les initiés le savent, et les initiables le sauront si, par les indications si multipliées et si précises que nous venons de leur donner, ils découvrent le grand arcane.

Pourquoi ces vérités si simples et si pures sont-elles toujours et nécessairement cachées aux hommes? C'est que les élus de l'intelligence sont en petit nombre sur la terre, et ressemblent, au milieu des sots et des méchants, à Daniel dans la fosse aux lions.

D'ailleurs l'analogie nous enseigne les lois de la hiérarchie, et la science absolue, étant une toute-puissance, doit être le partage exclusif des plus dignes. La confusion de la hiérarchie est la véritable déchéance des sociétés, car alors les aveugles conduisent les aveugles, suivant la parole du Maître. Que l'initiation soit rendue aux prêtres et aux rois, et l'ordre se fera de nouveau. Aussi, en faisant appel aux plus dignes, et, en m'exposant à tous les dangers et à toutes les malédictions qui entourent les révélateurs, je crois faire une chose utile et grande : je dirige sur le chaos social le

ADDA-NARI

souffle de Dieu vivant dans l'humanité, et j'évoque des prêtres et des rois pour le monde à venir !

Une chose n'est pas juste parce que Dieu la veut, a dit l'ange de l'école ; mais Dieu la veut parce qu'elle est juste. C'est comme s'il avait dit : L'absolu, c'est la raison. La raison est par elle-même ; elle est parce qu'elle est, et non pas parce qu'on la suppose ; elle est où rien n'existe ; et comment voulez-vous qu'il existe quelque chose sans raison ? La folie même ne se produit pas sans raison. La raison, c'est la nécessité, c'est la loi, c'est la règle de toute liberté et la direction de toute initiative. Si Dieu est, c'est par la raison. La conception d'un Dieu absolu en dehors ou indépendamment de la raison, c'est l'idole de la magie noire, c'est le fantôme du démon.

Le démon c'est la mort qui se déguise avec les vêtements usés de la vie ; c'est le spectre d'Hirrenkesept trônant sur les décombres des civilisations ruinées, et cachant sa nudité horrible avec les défroques abandonnées des incarnations de Wischnou.

FIN DU DOGME DE LA HAUTE MAGIE.

Page 2, lignes 8 et 9, *au lieu de* le despotisme, *lisez* l'autorité.

Page 71, lignes 5 et 6, *au lieu de* composé d'hymnes, *lisez* compose des hymnes.

FIN DE LA TABLE DU TOME PREMIER.

Établissements Henri Dupuy et Cie, Paris.

* 9 7 8 2 3 2 9 0 8 4 7 6 3 *